길흉 꿈 해몽 백과

좋은 꿈 나쁜 꿈

꿈풀이 전서

편저 최철상

법문북스

—차 례—

제 1부

제 2부

제 1 부

꿈 —그 서설—

사람은 누구나 꿈을 꾼다.

거의 매일 밤 꿈을 꾸는 사람도 있고, 눈만 감으면 꿈을 꾸어서 큰일이라는 사람도 있다.

그런가 하면 열흘에 한번, 또는 한달에 한번 꼴 밖에 꾸지 않는다는 사람도 있다.

또 꿈의 형태도 각양각색, 천태만상이다. 아름다운 꿈, 황홀한 꿈, 도시 상상도 할 수 없는 기괴한 꿈, 슬픈 꿈, 무서운 꿈, 남에겐 도저히 말할 수도 없는 부끄러운 꿈…….

우리는 일상생활 중에 이런 말을 자주 듣는다.

『간밤에 꿈자리가 뒤숭숭하더니, 과연 재수가 없군!』

『어쩐지 꿈이 좋더라니……』

『밤새도록 꿈만 꿨더니 몸이 나른해 죽겠다.』

『생시엔 얼굴만 봐도 부끄럽던 그이를 꿈에는 내가 꼭 끌어 안았어요. 호호.』

등등 —.

어른이 아이로 둔갑하고, 펄떡펄떡 건강한 사람이 터무니없이 송장이 되고, 약하디 약한 사람이 삼손처럼 무서운 장수가 되고…….

정말 알다가도 모르고, 신비로운 것이 꿈이다.

그럼 꿈이란 대체 그 정체가 무엇인가?

이것은 인지가 몽매하던 태고 적 시대부터 과학문명이 극도로 발달한 오늘날에 이르기까지 허다한 사람이 허다한 방향으로 궁리와 연구를 거듭하며 그 정체를 밝히려든 수수께끼 중의 수수께끼였다.

정신분석학의 창시자인 프로이드(Freud.s)는 꿈을 일종의 신경증(神經症)으로 보았다.

즉 꿈 자체가 하나의 신경증적 현상이며 실착행위(失錯行爲)이라 하였던 것이다.

물론 프로이드의 이 정의는 정신분석적 연구의 대상으로서 말하고 있는 것이지만 여기서는 꿈 그 자체의 연구나 해설이 되고 비과학적이 아니라는 것만을 알아두면 된다.

흔히들 해몽(解夢)하면 무슨 점장이의 소리처럼 비웃거나 무시해버리는 경향이 있다.

그러나 이것은 잘못인 것이다.

꿈이 대뇌의, 여기선 우선 알기 쉽게 신경의 지배를 받는 일종의 실착된 현상이라고 합시다. 그렇다면 꿈은 막연히 아무런 정신적 연관없이 생기느냐 하면 결코 그렇지가 않은 것이다.

이것만은 아마도 해몽을 비과학적이라 믿는 사람도 부인 못할 것이다.

그러면 꿈이란 무엇인가, 여기서 프로이드의 설(說)을 좀더 쫓아가 보자.

『── 망상(妄想)은 명확하게 일정한 윤곽을 가지고 나타난다. 가령 〈나는 중국 황제다〉라고 망상에 사로잡혔다면 그것은 윤곽이 잡혀 있다. 그런데 꿈은 어떤가!

꿈은 대개 남에게 정확히 전달하기가 곤란하다. 꿈은 이야기를 할 때 그것을 바로 이야기했다기 보다는, 오히려 이야기하는 동안에 다소 말을 바꾸거나 기억이 확실치 않아서 부득이 거짓말을 하지 않았다는 보증을 꿈 꾼 사람이 과연 가지고 있을까요?』
하고 그는 말했다.

이런 꿈의 불투명한 기억, 기억에 재생시키는 것이 어렵기 때문에 꿈을 한낱 정신 현상이라고 여기거나 비과학적이라고 생각하기 쉽다고 믿어진다.

그러나 꿈은 이러한 경멸을 받아 오면서도 여전히 과학의 대상이 되고 있는 것이다.

우리가 이미 알고 있다시피 고대 민족들은 꿈에 커다란 의의를 두고서 꿈을 실제생활에 이용할 수 있는 것으로 믿고 있었다. 그들은 꿈에서 미래의 예시(豫示)를 끌어내고 꿈에서 전조(前兆)를 찾았다.

희랍인이나 기타 동양인에게 있어서 전쟁을 할 때에는 해몽가를 거느리지 않고서는 전쟁을 못하는 것으로 알고 있었다. 마치 오늘날의 전쟁에 있어서 정찰기가 적정을 살펴야만 전쟁을 할 수 있는 것과 거의 같았던 것이다.

알렉산더 대왕이 원정을 계획했을 적에는 그 당시의 가장 유명한 해몽가가 수행하고 있었다. 그가 타이어 시를 공격하던 때였었는데, 시민들의 저항이 완강했으므로 알렉산더 대왕은 포위 공격을 단념할까 생각할 정도였다.

그러던 어느 날 밤 대왕이 꿈을 꾸었다. 그 중에 세터 신(산양의 다리를 가진 숲의 신)이 개가를 울리면서 춤추는 꿈이었다.

대왕이 이상히 여기고 해몽가에게 물었다. 해몽가는

『대왕, 이것이야말로 타이어 시가 함락될 전조입니다.』

하고 대답하는 것이었다.

그래서 대왕은 마침내 맹공격을 가하여 이 도시를 점령했던 이다.

아무튼 해몽은 희랍, 로오마 시대를 통해서 전성하였고 거의 신앙적 숭배까지 받았다.

그리고 동양에선 옛 중국의 점성술(占星術)과 더불어 이 해몽이 정치의 중요한 역할을 담당했던 것이다.

우리 나라의 유명한 꿈 이야기로선 「調信의 꿈」이란 것이 있다.

조신이란 젊은 중이 어쩌다가 어떤 규수를 사랑하게 되었는데, 꿈에 그 미래를 꿈꾸고 인생무상을 느꼈다는 이야기다.

이밖에도 꿈에 관련된 설화(說話) 기담(奇談) 등은 한없이 많다.

이런 이야기도 있다.

수양대군(首陽大君)인 태종이 그 어린 조카 단종을 내쫓고 끝내는 죽게하고 말았을 때의 일이다.

하루는 태종이 낮잠을 자고 있는데 꿈에 문종비요 단종의 어머니인, 또한 태종의 형수이기도 한 권씨가 나타나서,

『네가 내 아들을 못살게 굴었으니, 나도 네 아들을 잡아 가리라.』

하고 말했다.

태종이 깜짝 놀라서 깨어보니 꿈이었다.

『별 괴상한 꿈을 다 꾸었구나.』

하고 생각하고 있는데 궁녀가 공구라질 듯이 달려와서 말하는 것이 아닌가.

『상감마마, 큰일이옵니다. 지금 동궁 마마께서 갑자기 발병(發病)하시어……』

『뭣이!』

태종은 놀라서 달려가 보았다. 그랬더니 과연 동궁이 원인모를 병에 걸려 이미 의식불명 상태였었다.

태종은 동궁의 병을 고치기 위해서 갖은 노력을 다했다. 온 나라의 명의란 명의는 다 초청해다가 치료를 했지만, 그 보람도 없이 동궁은 마침내 죽고 말았던 것이다.

이에 화가 난 태종은

『여봐라, 종묘에 가서 문종비의 신주를 불살라 버리고 그 능을 파서 관을 강물에 떠내려 보내라!』

하고 엄명을 내렸다.

왕명을 받은 한 떼의 사람들이 종묘로 달려갔다.

그러나 이것이 어찌된 노릇일까?

달려온 군사들을 보자, 문종비 권씨의 신주가 홱 돌아 앉는 것이었다.

너무나도 무서운 이 광경에 군사들은 손도 못대고 돌아갔다.

이것은 꿈에 관련된 한 이야기에 불과 하지만 꿈이란 어떤 강박관념(强迫觀念)에 의해서 꾸어질 수도 있다는 좋은 본보기라 할 것이다.

왜냐하면 태종은 조카인 단종을 내쫓고 죽인데 대하여 어떤 가책감을 받고 그것이 강박관념이 되어 있었을 것이 틀림없기 때문이다.

꿈의 반응

지난 날, 희랍 로오마 시대에 전성을 극했던 해몽술이 그 후 쇠퇴케 된 이유는 여러 가지가 있지만 결코 과학의 발달에서만 연유된 것이 아니었다.

그것은 즉 해몽을 지나친 미신으로 알고 무교양한 사람들 사이에서만 믿어지고 유지되었기 때문이다.

다시 말해서 해몽이 정치 신앙의 높은 자리에서 단숨에 무지몽매한 민중속에 떨어졌다는 것이다.

그러나 꿈이란 미신이고 돌볼 가치가 없는 것일까?

이런 의문 밑에서 출발한 것이 현대 정신분석학의 학자들이었다.

무엇이나 합리적으로 생각하려는 현대과학에 있어서 특히 의학자는 꿈을 심적이 아닌 행위, 바꿔 말하면 신체적 자극의 심생활(心生活)에 있어서의 표출(表出)이라고 인정했다.

빈쓰(Binz)는 꿈을 가리켜

16

『모든 경우에는 무익한 많은 경우에는 오히려 병적인 신체현상이니만치, 푸른 하늘이 극히 얕은 평지에 있는 불모의 모래밭 위에 있듯이 불멸하는 우주의 넓은 이 현상 위에 초연하게 드높이 솟아있다.』

라고 말하고 있다.

또 모우리(Moury)는 꿈을 정상인의 균형잡힌 운동과는 정반대로 무도병(舞蹈病)의 발작적인 경련과 같다 하고 있다.

그리하여 현대과학에선 꿈의 영역(領域)을 결정하려고 한다. 즉 꿈의 범위가 어디서부터 어디까지인가를 정하려고 했던 것이다.

누구나 알다시피 모든 꿈에 공통된 첫째의 것은 꿈을 꾸고 있을 때에는 자고 있다는 점이다.

꿈을 꾸고 있음은 분명히 수면중의 심생활이며, 그것은 깨어 있을 때의 심생활과 어느 정도 비슷하지만 한편 커다란 차이가 있다.

이것은 꿈과 수면 사이에 어떤 깊은 관계가 있다는 증거이다. 사실 우리는 꿈으로 말미암아 잠을 깨는 경우가 흔하며 저절로 잠을 깼다던가 무리로 수면을 방해 받을 때는 꿈을 꾸고 있을 경우가 많은 것이다.

그러므로 꿈은 수면과 각성의 중간 상태인 듯 생각되는 것이다.

여기서 문제되는 것은 수면이다.

수면이란 무엇인가? 이 잠에 대해서는 아직도 논쟁이 많은 생리학상 또는 생물학상의 문제이다.

지금 통용되고 있는 학설로 볼 때 수면은 내 자신이 외계(外界)에 관해서 아무것도 알려고 하지 않는 상태, 달리 말하면 나의 관심을 외계로부터 끊어버린 상태이다.

나를 외계로부터 물러 나오게 하고 외계의 자극에서 자기를 차단시키므로 잠이 들어 버리는 것이다.

그리고 수면의 생물학적 목적은 휴양일 것이며, 그 심리학적 특징은 현실세계에 대한 관심의 중절인 것이다.

이렇게 수면을 가정했다면 꿈은 결코 수면과는 상관이 없는 다시 말해서 푹 휴식을 취하는데 방해가 되는 부속물처럼 보인다.

사실 꿈을 동반하지 않는 잠이 가장 좋은 잠이며 유일한 바른 잠인 것이다. 수면중에는 마음의 활동이 있어서는 안되지만 그럼에도 불구하고 마음이 활동하면 소망하는 안정 상태를 만들어 낼 수가 없다.

그러나 마음의 활동의 잔재(殘滓)까지 없어지기를 바랄 수는 없는 것이다. 이 잔재, 그것이 바로 꿈인 것이다.

결론적으로 말한다면 요컨대 꿈이란 깨어 있을 때의 마음의 활동의 잔재이며 수면을 방해하는 것이라고도 말할 수 있다.

다음은 어쨌던 꿈이라는 것이 존재하는 이상 꿈이 실재하는 까닭을 설명하는 것이 순서다.

왜 심생활은 잠들어 버리지 않을까? 이것은 아마 무엇인가가 마음에 안정을 허락치 않기 때문이다.

자극이 마음에 작용하며 마음은 그것에 반응하지 않을 수 없기 때문이기도 하다. 그러므로 꿈이라는 것은 수면중에 작용해 오는 자극에 반응하는 마음의 「반응의 방법」인 것이다.

우리는 여기에 꿈을 이해하는 한 가능성이 있음을 깨닫게 된다. 이제 우리는 수면을 방해하려고 하는——그리고 꿈을 그 반응 현상으로 삼는——자극이 어떤 것인가 여러 가지 꿈에 관해서 찾아볼 수가 있다.

즉 수면중에 있어서의 심적과정은 깨어 있을 때의 그것과는 전연 다른 성격을 가지고 있다.

사람은 꿈 속에서 여러 가지 체험을 하며 그리고 체험을 하는 줄 믿고 있지만 대개는 시각상(視覺像)으로써 체험된다.

그리고 동시에 감정도 관여하고 있는 경우가 있으며, 사상이 그 속을 흐르고 있는 적도 있으며, 시각 이외의 감각으로 체험하는 경우도 있지만 그러나 대개는 시각상인 것이다.

그러므로 꿈을 이야기하기가 곤란한 것은 이 시각상을 말로 번역하기가 어렵기 때문인 것이다.

다시 한번 결론을 내린다면 꿈은 수면을 방해하는 자극에 대한 반응이라는 것이다. 이것을 「자극몽(刺戟夢)」이라고도 하는데 다음의 세 가지 꿈은 모두 자명종 소리에 대한 반응이었다.

「어느 봄날 아침 산책 중이다. 초록 빛의 들을 지나서 이웃 마을까지 갔더니 마을 사람들이 깨끗이 차리고 찬송가집을 옆에 끼고서 많이 교회를 향하여 가는 것이 보였다. 옳지! 오늘은 일요일이다. 아침 기도가 곧 시작하겠구나. 나도 참석할 마음이 들었지만, 약간 후덥찌근하므로 교회의 묘지에서 머리를 식히기로 하였다. 거기에서 여러 비문을 읽고 있는 사이 종치는 사람이 종루에 올라가는 소리가 들리므로 쳐다 보았더니 탑의 꼭대기에 작은 종이 있었다. 종은 잠시동안 움직이지 않았지만 이윽고 흔들리기 시작하여 —— 돌연 땡! 땡! 하고 맑게 울렸다 ——.

그 소리가 너무도 맑고 날카로웠으므로 나의 잠은 깨어졌다. 그런데 깨고보니 종소리는 머리맡의 자명종에서 나고 있었던 것이다.」

두번째의 꿈은

「맑은 겨울날이었다. 거리는 눈이 깊이 쌓여 있다. 나는 썰매 여행에 참가하는 약속을 하고 있었는데, 오래 기다린 후 겨우 썰매가 문에 왔다는 기별이 있었다. 이제야 탈 준비가 되었다. 털가죽이 깔리고 나는 자리에 올라 앉았다. 그런데 다소 출발이 지체되었다가 출발하기 시작하였다. 방울이 몹시 흔들리고 시끄러웠다. 이 역시 자명종 소리가 그렇게 들렸던 것이다.」

세번째의 꿈은

「하인이 여러 개의 접시를 포개서 복도를 지나 식당으로 가는 것이 보였다. 그 그릇들은 당장에라도 떨어져 깨어진 것만 같이 위태위태 하였다. 「위태롭다. 조심해라」 나는 소리쳤다. 물론 「걱정마세요」라는 대답이었는데 그동안 나는 마음을 조리면서 그 여자의 걸음걸이를 응시하고 있었다. 아니나 다를까 이윽고 와르르

접시가 떨어져 깨어졌다. 그런데 —— 이 깨지는 소리는 잠을 깨고 보니 자명종 소리였던 것이다.」

꿈의 작업

그러나 꿈이 항상 외부에서 주는 자극에서 오는 것만이 아니고, 그 대신 내부기관(內部器官)에서 비롯되는 소위 내장자극(內臟刺戟)도 있다.

그래서 꿈이 위(胃)의 피로라고 하는 사람도 있는 것이다.

가령 우리들은 꿈의 내용과 방광(膀胱)의 충만이나 성기(性器)의 흥분 상태의 관계를 경험한 바가 있을 것이다.

그러므로 꿈에 대한 내부적 자극은 외부직 자극과 똑같은 구실을 연출할 수 있다는 결론인 셈인데, 여기선 이 학술적 정당 여부는 생략하고 꿈의 특색을 좀 더 생각해 보기로 하자.

꿈은 자극을 단순히 재현할 뿐 아니라 그것을 가공하여 그것을 암시하여 그것을 어떤 연관속에 편입하여 다른 어떤 것과 대치하기도 한다.

이것을 꿈의 작업이라고 부르는데 이것을 규명하므로써 꿈의 보질에 우리는 일보 접근할 수가 있을 것이다.

가령 이런 꿈이 있다고 하자.

「내가 종로를 산책하다가 K씨를 만났다. 잠시 동안 함께 거닌 연후에 K씨와 헤어지고 나는 혼자서 식당에 들어 갔다. 그랬더니 두 부인과·한 남자가 내 테이블에 앉았다. 처음에는 불쾌하였으므로 그들의 얼굴을 보지 않도록 하고 있었다. 그런데 잠시 후 문득 보았더니 몹시 인상이 좋은 사람들이란 것을 알았다.」

여기서 주의할 것을 내가 실지로 그날 종로를 산책하였으며 K씨를 만난 일이 있다. 그러나 식당에 들어간 꿈의 후반은 실지로 경험한 것이 아니고 다만 이전의 체험과 비슷한 유사점을 가지고 있었을 뿐이었다는 것이다.

이와 같이 꿈은 가공되거나 변조되는 수가 있는 것이다.

이밖에도 꿈은 갑자기 어떤 힌트가 지금까지 거들떠 보지도 않았던 방면에서 나타난다.

보통 백일몽이라고 하는 것이 이것인데 백일몽은 공상의 소산이다.

이 꿈은 여기까지 말한 자극이나 체험과는 또 다른 꿈인 것이다.

이 백일몽은 사춘기 이전―― 왕왕 유년기의 끝 무렵에 나타나서 성년기까지 계속 하고 그 후는 없어지거나 또는 만년까지 없어지지 않는다.

이 공상들의 내용은 몹시 명백한 동기에 의하여 지배되고 있다. 공상 속에 나타나는 장면과 사건속에서는 이기적 욕구, 공명심, 또는 에로틱한 소원이 깃들여 있다.

젊은 남자라면 대개 공명심의 공상이 있으며, 공명심을 사랑의 성공에 구하는 여자 사이에선 에로틱한 공상이 앞선다. 그러나 남자들 사이에서도 에로틱한 욕구가 배경에 나타나는 경우가 곧잘 있다.

이 백일몽 역시 가지각색의 변화가 무쌍하다. 그것들은 전부 단시간 후에 중단되고 새로운 백일몽에 의하여 대치되거나 그렇지 않으면 오랫동안 지속해서 긴 이야기로 전개되어 생활사정의 변화에 따라 변하기도 한다.

아무튼 꿈이란 이처럼 복잡하고 정체를 과학적으로도 규명하기가 힘든 것이다. 그것은 꿈이 심적성격에 다분히 연관되고 있으므로 그런 것이다.

잠재 의식

그래서 프로이드는 이 꿈을 정신분석으로 해석하려고 했다.

『꿈은 신체현상이 아니라 정신현상이다.』

라는 가정에서 출발하여 꿈을 분석하려 했던 것이다.

프로이드는 꿈을 객관적으로 분석하는데 최면술 현상을 이용하였다.

즉 한 남자를 몽우병의 상태에 두고서 온갖 환각을 체험시킨 후 최면을 풀었더니 그는 처음에는 최면중의 경과에 대하여 전연 아무것도 기억하는 것이 없었다. 그때 프로이드는 그에게 체면중에 일어난 일을 얘기하라고 말했다. 그 남자는 아무 것도 기억할 수 없다고 주장하였다. 그러나 프로이드는 어디까지나 말하라 요구하고 강요하면서,

『당신은 그것을 알고 있을 것이다. 생각해 내야 한다.』

하고 단호히 말했더니 이상하게도 그 남자는 생각하기 시작하여 처음에는 암시된 체험의 하나를, 이어서 다른 체험을 희미하게 생각하여 마침내는 뚜렷하게 기억해낼 수 있었다.

이것은 오늘날에 있어선 이미 잘 알려진 최면술을 이용한 잠재의식(潛在意識)의 발굴인데 프로이드는 이것으로 신경증 환자를 치료코저 하였던 것이다.

그런 의미로 여기서 우리가 한 번 생각하여 볼 것은 꿈과 잠재의식의 문제라 할 것이다.

만일 꿈이 잃어진 기억을 재생시키는 것이라면 사실 그런 수도 있지만 잠재의식이 꿈과도 깊은 인연이 있다고 보아야 할 것이다.

그러면 프로이드는 이 잠재의식을 어떻게 보았던가.

A, 어떤 부인은 자기가 아기 적에 〈하느님이 끝이 뾰족한 종이

모자를 쓰고 있는 꿈을 곧잘 꾸었다고 했다.）

즉 이 부인은 어린 시절에 식탁에 앉을 때 의례 이런 모자가 씌워졌는데 그것은 형제중의 누구인가의 그릇에 자기 것보다 많은 반찬이 들어 있다 엿보는 버릇을 부모가 고치기 위해서 썼던 것이다. 이것이 잠재의식으로 변하여 꿈이 된 것이다.

B, 어떤 사람이 산에 올라가 몹시 넓은 경치를 보는 꿈을 꾸었다.

그런데 이 사람은 산에 올라간 일도 없거니와 등산을 좋아하지도 않는다. 그런데도 산에 올라간 꿈을 꾸었던 것이다.

이것은 옛날 누구에게서 들었거나 책 기타의 방법으로 보았던 광경의 연상작용이라는 것이다.

꿈의 상징

그런데 꿈은 있는 그대로 나타나는 것이 아니라 무엇이던가 바꾸어서 나타나는 수가 있다.

이것을 프로이드는 꿈의 왜곡(歪曲)이라고 하는데 무의식적 소원의 어떤 변용이라고 하겠다.

여기에서 우리는 해몽법에 관심이 가며 해몽법이란 결국 경험적오로 통계된 꿈의 분석이니만치, 왜곡된 꿈의 내용, 다시 말해서 꿈의 상징을 알아야만 할 것이다.

물론 꿈이 왜곡되어 있기 때문에 그 해석은 매우 어려운 것이지만 상징은 그 자체가 일정하고 불변의 번역인 관계상 해석하는데 많은 도움이 된다.

더구나 만약 일반적으로 사용되어 있는 꿈의 상징과 또한 그 꿈을 꾼 사람의 인품, 그 사람의 생활환경, 그 꿈을 생기게 하는 계기가 되었던 인상들을 안다면 꿈을 당장에 해석할 수가 있으며,

거침없이 번역할 수 있게 된다.

그러면 꿈의 상징적 표현이란 무엇인가? 그것에는 어떤 실례가 있는가?

그러나 여기서 한 가지 말할 것은 프로이드가 말했듯이 상징 관계의 본질은 비교이지만 그러나 임의로운 비교는 아니다. 이 비교에는 특별한 조건이 붙어 있으리라고 예상되지만, 그것이 무엇인가는 말할 수가 없습니다. 우리가 어떤 대상 또는 과정을 그것과 비교할 수 있게 으례 전부 꿈속에서도 그 상징으로 되어 나타난다고는 단정할 수가 없기 때문이다.

한편 꿈은 아무 것이나 임의의 것을 상징화 하지를 않고 잠재사상 잠재의식의 어떤 특정한 요소들만을 상징화할 뿐이다. 바꿔 말하면 이 경우에는 양쪽의 방향에 향해서 제약이 된다.

상징의 개념은 현재로서는 명백히 한정할 수 없으며, 대리, 묘사 따위에 비교하면 윤곽이 희미하고 암시에 조차 가까운 점이 있다고 프로이드는 말하고 있는 것이다.

꿈속의 상징적으로 표현되는 사물의 범위는 그다지 광범위한 것이 아니다.

신체의 전부, 부모, 어린이, 형제자매, 출생, 죽음, 나체이며 집 등이 있다.

「쉐르너」는 벽에 울퉁 불퉁이 없는 집은 남자이며 손으로 잡을 수 있는 발코니가 달린 집은 여자라는 것이다.

부모는 꿈속에서 황제, 황후, 왕, 왕비같은 기타 훌륭한 사람으로 되어 나타난다. 요컨대 꿈은 이 경우 몹시 경건하다.

어린이와 형제자매에 대해서는 꿈은 그다지 상냥하지 않은 태도를 취한다. 이것들은 〈작은 동물〉〈해중〉으로서 상징된다.

출생의 대부분은 〈물〉과 관계있는 것들에 의하여 표현된다. 이를테면 물속에 떨어진다던가 물속으로부터 나온다던가 사람을 물속에서 구원한다던가 물속에서 남의 구원을 받는다던가……

죽음은 꿈속에서 〈여행〉이나 〈기차 여행〉에 의하여 대리되며,

죽음의 상태는 여러 가지의 어두운 말하자면 머뭇머뭇하는 암시에 의하여 표시된다.

나체는 〈옷〉과 〈제복〉에 의하여 대리된다.

이렇듯 상징적 표현과 암시적 표현의 사이 한계는 애매한 것이다.

이것 말고 풍부한 상징에 의하여 표현되는 것은 성생활, 즉 성기(性器), 성현상(性現象), 성교(性交)이다.

꿈에 나오는 극히 많은 수효의 상징은 거의가 이 성적 상징이다.

그 상징을 예로 든다면 남자의 성기는 〈지팡이〉〈우산〉〈막대기〉〈나무〉 등과 같이 길고 비쭉 나온 것에 의하여 상징으로 대리되고 있다.

이밖에 체내에 침입하여 손상을 준다는 특징을 가지고 있는 것, 이를테면 모든 종류의 뾰죽한 〈무기〉〈칼〉〈창〉〈단도〉 또는 〈작은 총〉〈피스톨〉 및 그 꼴로 보아서 음경(陰莖)에 비슷한 것이 상징적으로 대리된다.

처녀가 꾸는 무서운 꿈에서는 칼이나 총을 가진 남자에게 쫓기우는 장면이 흔히 큰 구실을 가지고 있다.

이것은 이미 말한 상징적인 것의 꿈임을 말할 나위도 없다.

그리고 음경이 〈수도꼭지〉〈물통〉〈분수〉와 같은 물을 흘리는 물건, 그리고 〈연필〉〈펜대〉〈쇠망치〉 등으로 상징되는 것도 앞서의 이유와 마찬가지인 것이다.

여자의 성기는 물건을 속에 넣을 수 있는 공간을 가지고 있는 특질을 갖춘 모든 물건에 의하여 상징적으로 표현된다.

즉 〈구멍〉〈우묵한 곳〉〈동굴〉〈항아리〉〈병〉〈상자〉〈체〉〈트렁크〉〈주머니〉 등이다. 배(船)도 이 속에 포함된다. 여자의 성기보다는 오히려 자궁에 관계되어 있는 상징도 적지 않다.

예를 들면 〈찬장〉〈난로〉 특히 방은 그 대표적인 것이다.

방의 상징적 의의는 이 경우 집의 그것과 연결되어 〈문짝〉과 〈대문)은 이 역시 음문(陰門)의 상징이 된다.

그리고 〈목재〉 〈종이〉 등속의 원료와 그 원료에 의하여 제조된 〈책상〉 〈책〉과 같은 제품도 여자의 상징이다.

동물중에서는 〈달팽이〉와 〈조개〉가 여성적 상징이라고 말할 수 있다. 신체의 부분중에서 〈입〉, 건물중에서는 〈교회〉 〈예배당〉이 여자의 상징이다.

유방은 성기의 일부로 보아야 하겠는데, 이것은 여자의 하반신과 마찬가지로 〈사과〉 〈복숭아〉 일반적으로 과일에 의하여 표현된다.

남녀의 음모는 꿈에서 〈숲〉과 〈덤불〉로 표현된다.

그러나 이상의 해몽이 다 번역을 너무 간단히 생각해서는 안된다.

예컨대 이 상징 표현들 중에서 성의 구별이 그다지 뚜렷하지 않은 때가 종종 있기 때문이다.

서양과 동양의 차이

이것이 서양에 있어서의 특히 프로이드 학설을 중심으로 한 꿈해석내지 꿈에 대한 정의였었다.

프로이드(一八五六——九三九)는 이미 말한 것처럼 정신분석학의 창시자로서 정신병적 징후는 모두가 억압된 성욕의 변태적인 만족이라는 가설 밑에 온갖 심리 현상을 설명했다.

따라서 그의 꿈에 대한 해석은 반드시 해몽을 전제로 한 꿈의 분석내지 정의는 아닌 것이다.

그러나 그가 지적했듯이 꿈은 과학적인 예리한 메스에 의해서도 아직 충분한 해명이 안된 느낌이 있지만 결코 허황된 현상이 아닌 것이라고 증명하고 있는 것이다.

그 방법과 설명이 동양적인 해몽법과는 먼 거리가 있지만, 근본적인 면에서는 같다할 것이다.

그러면 동양적인 꿈의 정의와 해몽법에 들어가기 앞서 동양의 대표적인 꿈 이야기를 하나 소개하고 이 장(章)을 넘기겠다.

동양의 꿈 이야기는 대개 생남에 관한 것이 많다.

꿈에 선관(仙官)이 나타나서 여의주(如意珠)를 준다던가 하늘에서 해가 떨어져 품은 꿈이라던지 모두 이런 것들이다.

우리 나라에 있어서 이괄의 난을 평정시킨 정충신(鄭忠信) 장군의 꿈 이야기는 너무나도 유명하다.

정충신의 부친은 원래가 명문 출신으로서 고려조의 유신 후예였다.

고려조가 망하고 이씨조선이 성립되자 고려조의 유신들은 자연히 몰락하게 되었다. 이때 정충신 장군의 선조도 몰락하게 되어 전라도 어느 고을 아전까지 전락하게 되었다.

하루는 정충신 장군의 부친이 집에서 잠시 낮잠을 자게 되었다. 낮잠을 자다가 한 꿈을 얻었다.

그것은 높은 산이 무너지는 꿈이었다. 높은 산이 무너진다는 꿈은 대 길몽이다. 그래서 정장군의 부친은 부인을 찾게 되었다.

왜냐하면 이런 대길몽을 꾸었으니 부인과 동침하면 반드시 귀자(貴子)가 탄생하리라 믿었던 것이다.

그러나 공교롭게도 그 때 부인은 집에 없었다. 부인은 고개 하나 너머에 있는 친척집에 기제(忌祭)가 있어서 그 집에 가고 부재중이었던 것이다.

정장군의 부친은 혀를 차며 다시 목침을 베고 누웠다.

그리고 또 한 꿈을 얻었다.

이번에는 커다란 용이 두 마리 하늘에서 어우러져 싸우는 꿈이었다.

이 역시 대길몽이었다.

그래서 놀라 깬 장군의 부친은

『여봐라, 마님이 그저 안 돌아 오셨느냐.』
하고 급히 불렀다.

그랬더니 부인이 안 돌아 왔다는 계집종의 대답이었다.

장군의 부친은 혀를 찼다. 두번씩이나 대길몽을 꾸었는데 부인이 없는 것이다. 그래서 또 목침을 베고 누웠다. 이윽고 정장군의 부친은 또 한 꿈을 얻었다. 이번에는 범 한 마리가 싯뻘건 입을 벌리며 우루루 자기에게 내닫는 꿈이었다. 이 역시 길몽이었다. 장군의 부친은 또 사랑 문을 뜨르룩 열고,

『여봐라, 부인이 아직도 돌아오시지 않았느냐?』
하고 답답한 듯이 부르짖었다.

『네.』

여전히 부인이 돌아오지 않았다는 계집종의 대답이었다.

장군의 부친은 답답하다 못해 화가 났다. 가만히 생각해 보자니 첫번째 꿈이 가장 대길몽이었다. 두번째 꿈은 첫번 꿈보다 못했다. 그리고 세번째 꿈은 두번째 보다 못했다.

꿈이 연거푸 세번씩이나 꾸는 것도 이상스럽지만, 이런 길몽은 다시 꾸지 못할 것만 같았다.

그래서 정장군의 부친은 생각다 못하여 계집종을 끌어들여 동침했다.

이리하여 출생한 것이 정충신 장군이었다는 것이다.

이런 꿈 이야기로서도 알 수 있듯이 동양의 그것은 서양의 그것에 비해서 관념적인 것이다. 합리적인 서양의 것에 비해서 운명적이라고도 하겠다.

제 2 부

해몽은 미신이 아니다

『꿈은 무엇일까?』

누구나 꾸고 있는 「현상」이면서 꿈의 정체에 대하여 정확하게 아는 사람이란 적다.

그런데 꿈, 특히 「해몽」 어쩌고하면 미신이라고 일소하는 사람이 간혹 있다.

하지만 꿈이 엄연한 생리적 또는 심리적 현상인 것과 마찬가지로 '해몽 또한 절대로 미신이 아닌 것이다.

왜냐하면 꿈 속에 나타나는 일은 반드시 생시와 깊은 관련성을 가졌고 이것을 분석 검토해 보면 우리의 일상생활에 계시(啓示)를 준다.

그러므로 이 계시를 우매하고 경솔한 것이라고 코 웃음 친다면 이것은 지각있는 사람의 태도가 아닐 것이다.

더구나 꿈은 잠잘때 꾸었다가 그대로 망각해 버리는 꿈과 잠이 깨고나서까지 기억되는 꿈이 있다. 잠이 깬 후까지 기억되는 꿈은 그 만큼 인상이 강렬하고 평소 마음속에 간직되었던(의식하건 무의식이건) 생각된 연관된다.

이처럼 꿈은 우리의 생활과 밀접한 관계가 있다.

고대 원시시대에는 꿈과 현실을 동일시 하여 점몽관(占夢官)까지 두고 중요시했다. 이것은 동서양을 막론하고 옛날 기록이나 문헌을 읽으면 곧 알 수 있다.

현대에 와서는 유명한 프로이드박사가 꿈의 분석을 하여 환자의 치료에 이용한 것은 너무나 알려진 사실이라 말할 필요 조차 없다. 즉 그는 꿈속의 심리활동을 분석하면 이로정연한 심리적 기원을 발견할 수 있으며 동시에 길흉의 징조를 충분히 인정할 수 있다고 갈파 하였던 것이다.

꿈이란 무엇일까

『그런데 꿈이란 무엇일까?』

여기에 대해선 여러가지 학설이 구구하고 아직까지 꿈에 대한 정확한 정의를 내린 것이 없다.

그러나 이 꿈에 대하여 과학적으로 설명한다면, 꿈이란 (사람의 두뇌에 대뇌와 소뇌가 있는데) 사람이 평상시 행동할 때는 대뇌가 활동하고 잠잘때는 대뇌가 쉬고 소뇌가 활동하므로 그 잠재적 의식이 소뇌 활동에 의하여 나타내는 현상이라고 했다.

또 심리학적으로 볼 때 사람이 항상 생각했던 것 보고 듣고 느낀 것 등의 잠재적 의식이 잘 때에 나타나는 현상이라고 풀이되기도 한다.

아무튼 꿈이란 과학적 분석으로도 풀길 없는 신비한 불가사의라고도 할 수 있다.

꿈의 종류

「영몽」 이것은 모든 존신불(尊神佛) 또는 선조(先祖), 고인(故人)들이 꿈속에 나타나서 길흉을 알리는 암시의 현상으로 대개 마음이 순결한 수도인, 또는 소원성취를 열망하며 기도하는 사람에게 잘 나타난다.

또 앞으로 크게 길할 일, 흉한 일이 가로 놓여 있을 경우에 현몽하여 암시해준다.

「정몽」 이것은 본일도 없고, 듣고 느낀 적도 없으며 마음 먹은 바 생각한 바가 없는데 돌연히 꿈에 뚜렷하게 나타나며 깨어나서 꿈의 전후 현상이 기억에 생생히 남아 있는 것이다. 또한 어떤 목적, 어떤 사정을 위하여 극히 심려하였을 때 그것이 실현되거나 그에 대한 독특한 결과가 이루어지려는 경우에 나타난다.

「심몽」 이것은 자기가 평상시에 마음 먹었던 일, 느꼈던 일, 항상 심려하였던 일이 꿈에 다시 나타난다.

「허몽」 이것은 심신이 허약할 때나 마음이 허전하여 허망할 때에 나타나는 꿈.

「잡몽」 이것은 허영과 욕망에 집착하거나 그런 체험이 꿈속에 재현되는 현상이다.

해몽 판단의 주의사항

해몽판단에 있어서 반드시 주의해야 할 것은 정당하고 완전한 꿈과 잡 되고 헛된 꿈을 바르게 구별하지 않으면 아무런 효험도 없다.

잡되고 헛된 꿈은 해몽 판단에 일고의 가치도 없는 것이다. 그러면 정당몽이란 어떤 것인가 하면 정상한 상태의 꿈을 말한다. 다시 말해서 각성후에도 기억이 생생하여 눈 앞에 선한 꿈을 말한다.

따라서 생각이 잡되지 않은 명철한 정신의 소유자가 꾼 꿈은 그만큼 적중율이 많은 것이다.

악몽 제거법

악몽 「흉몽」을 꾸었을 때 여러가지 악몽 제거법이 있지만 악몽을 꾼 다음날 부터 사흘동안 하루 세번씩, 아침 점심, 저녁때에 백지에 먹과 붓을 준비 하고 동쪽을 향해 단정히 앉고서 「악몽거(惡夢去)」라는 글씨를 정성껏 백번씩 쓴다. 그리고 불에 태워버린다. 만일 글씨를 쓰지 못할 입장이라면 글씨 대신 백번씩 악몽거라고 암송한다. 그리고 이 사흘동안은 만사에 소극적으로 조심한다.

신체에 관한 꿈

❖ 머리가 아픈 꿈을 꾸면?

【해설】 : 관직에 있는 사람은 승진 승급을 하게 되고 보통 사람은 모든 일에 발전이 있다. 즉 모든 일이 척척 되어간다.

❖ 머리에 뿔이 난 꿈을 꾸면?

【해설】 : 남과 싸우게 된다. 또 일설엔 출세하여 영화를 누린다고도 한다.

❖ 머리털이 검어진 꿈을 구면?

【해설】 : 부귀를 얻는다.

❖ 머리털이 백발이 된 꿈은?

【해설】 : 장수할 징조이고 크게 길하다.

❖ 세수하고 머리 감은 꿈을 꾸면?

【해설】 : 만가지 근심이 없어진다.

❖ 머리를 깎거나 베어 버리는 꿈을 꾸면?

【해설】 : 집안이 평안하지 못하다.

❖ 온몸에 피고름이 흐르는 꿈을 꾸면 ?
　　【해설】 : 재수가 있다.

❖ 손가락이 꺾인 꿈은 ?
　　【해설】 : 자손에게 해롭다.

❖ 다리에서 피가 나는 꿈은 ?
　　【해설】 : 부귀 할 징조.

❖ 다리가 상한 꿈은 ?
　　【해설】 : 사업이 번창한다.

❖ 발이 부었거나 발이 삐여 보이는 꿈은 ?
　　【해설】 : 고용인이나 친구에게 해를 본다.

❖ 걸음을 쏜살같이 걷는 꿈은 ?
　　【해설】 : 운수가 열리는 징조.

❖ 코가 높아보이는 꿈은 ?
　　【해설】 : 흉하고 구설이 끊일 때가 없다.

❖ 코가 썩어 떨어지는 꿈은 ?
　　【해설】 : 거주에 대한 고생이 있다.

❖ 코가 평소보다 길어 보이는 꿈은 ?
　　【해설】 : 부귀를 얻을 징조.

❖ 코가 두 개 있는 꿈은 ?
　　【해설】 : 남과 싸울 징조. 코가 커 보이면 남의 미움을 받는다.

❖ 코를 부상당한 꿈은 ?
　　【해설】 : 남에게 사기를 당하며 명예를 손상받는다.

❖ 몸에 종기가 난 꿈은 ?
　　【해설】 : 첩이나 양자 때문에 구설이 따르고 만약 종기가 곪아
　　　　　　 터지는 꿈은 재수가 있고 길몽이다.

❖ 장님을 만나는 꿈을 꾸면 ?
　　【해설】 : 일이 잘 진전 되지 않는다.

❖ 코피가 나온 꿈은 ?
　　【해설】 : 재수가 있다.

❖ 눈이 머는 꿈은?

　【해설】: 자손에게 나쁘며 눈이 진무르면 손재주가 있다.

❖ 시력이 부족하여 먼 곳을 보지 못하는 꿈은?

　【해설】: 실망의 조짐.

❖ 눈에서 광채가 나고 천리를 보는 꿈은?

　【해설】: 장사에 이가 있다.

❖ 흰 눈썹이 나 보이는 꿈은?

　【해설】: 남의 우두머리가 될 징조.

❖ 눈썹이 빠지는 꿈은?

　【해설】: 병을 얻을 징조.

❖ 눈썹이 보통 때보다 길어지는 꿈은?

　【해설】: 연애에 성공하고 부귀를 누린다.

❖ 부녀자가 눈썹을 깎는 꿈을 꾸면?

　【해설】: 이삿수가 있다.

❖ 이마가 커 보이는 꿈은?

　【해설】: 부귀를 얻고 반대로 이마를 상하면 근심할 일이 생긴다.

❖ 귀먹고 안 들리는 꿈은?

　【해설】: 신상이 평안해진다.

❖ 귀가 여러개 나 있는 꿈을 꾸면?

　【해설】: 좋은 벗과 충복을 얻는다.

❖ 귀를 씻는 꿈은?

　【해설】: 벗과 축복을 얻는다.

❖ 귀에 쌀과 보리가 들어가는 꿈은?

　【해설】: 재수가 있다.

❖ 사람 몸에 당나귀의 귀가 생기는 꿈을 꾸면?

　【해설】: 남의 하인이 된다.

❖ 사자같은 맹수의 귀가 몸에 생기는 꿈을 꾸면?

　【해설】: 반드시 모략에 걸리니 경계하라.

❖ 귀가 크고 아름다운 꿈을 꾸면 ?
【해설】: 지위가 올라가고 부자가 된다.

❖ 귀가 부상을 입은 꿈은 ?
【해설】: 신임하는 사람에게 배신당할 징조.

❖ 귀뿌리가 끊기는 꿈은 ?
【해설】: 친척간에 불화할 징조.

❖ 귀에 물건이 들어 박힌 꿈은 ?
【해설】: 유혹을 당하거나 그렇지 않으면 남의 충고를 듣지 않고 실패할 징조.

❖ 불구자 또는 병신을 보는 꿈을 꾸면 ?
【해설】: 고생이 많고 자기가 불구자가 된 꿈은 길하나 혹은 세상을 도피하는 일이 있다.

❖ 인형을 보는 꿈을 꾸면 ?
【해설】: 크게 흉하고 자기가 죽을 징조.

❖ 목이 별안간 커지는 꿈은 ?
【해설】: 운수가 좋아지는 징조이며 목이 줄어드는 꿈은 운이 쇠약해진다.

❖ 목이 졸리는 꿈은 ?
【해설】: 장차 재난이 닥친다.

❖ 목 하나에 머리가 세개 달린 꿈은 ?
【해설】: 출세 영달할 징조.

❖ 강도에게 목이 졸려 기절하는 꿈은 ?
【해설】: 가족에게 불행이 있고, 만약 부인의 꿈이면 귀금속을 도적 맞는다.

❖ 닭 종류의 목을 보는 꿈은 ?
【해설】: 경사가 생긴다.

❖ 사자나 기타 맹수의 머리를 보는 꿈은 ?
【해설】: 만사에 성공하여 뭇 사람의 존경을 받는다.

❖ 목 윗부분을 장식하는 꿈은 ?

【해설】 : 사업이 번창한다.

❖ 뺨이 커지거나 낯빛이 붉은 꿈은?

【해설】 : 애정 문제의 성공을 한다.

❖ 어깨가 살찌고 커보이는 꿈은?

【해설】 : 운수가 좋아진다.

❖ 젖이 크고 아름다운 꿈은?

【해설】 : 건강 행복할 징조.

❖ 유방에 털이 나는 꿈은?

【해설】 : 남자라면 재수가 있고 여자라면 손해를 입는다.

❖ 유방이 풍만한 꿈은?

【해설】 : 신혼 부인이라면 임신할 징조이고 미혼 처녀는 혼인
이 가깝다. 노부인이라면 운이 트인다.

❖ 부인이 여러개의 유방을 가진 꿈은?

【해설】 : 정조에 파탄이 생긴다. 유방이 피로 더럽혀지면 출산
이 절망되는 징조.

❖ 팔이 커지고 늠름해진 꿈은?

【해설】 : 형제와 자손에 재수가 있다. 부인이면 남편에게 재수
가 있고 병자면 완쾌한다.

❖ 팔에 무수한 여러가지 종기가 나는 꿈은?

【해설】 : 고생을 할 징조이고 장사도 안된다.

❖ 팔이 부러지는 꿈은?

【해설】 : 정치가는 실각한다. 보통인은 자신 또는 근친에 병이
나고 부인이라면 남편과 헤어져 산다.

❖ 팔에 털이 많이 난 꿈은?

【해설】 : 재수 있다.

❖ 바른 팔이 부러지는 꿈은?

【해설】 : 부모 형제 자손 또는 근친이 불행할 징조이며 왼팔이
부러지면 모친의 자매가 화를 입는다. 양팔이 모두
부러지면 큰 병이나 수감을 당하게 된다.

❖ 손이나 팔이 아름답고 늠름해 보이는 꿈은 ?

【해설】 : 사업이 번창하고 재물이 모이며 사람들의 존경을 받는다.

❖ 손이 작아지는 꿈은 ?

【해설】 : 고용인에게 속임수를 당할 징조.

❖ 손이 절단되거나 또는 움직일 수 없거나 화상을 입는 꿈은 ?

【해설】 : 가정이 이별하고 가난해진다. 부인이면 소원하는 일이 성취되지 않고 마음만 애태운다.

❖ 손가락이 절단되는 꿈은 ?

【해설】 : 친구를 잃고 벗을 잃을 징조.

❖ 손가락이 여러개 나는 꿈을 꾸면 ?

【해설】 : 새로운 벗이 나타나 도우고 신천지가 열린다.

❖ 손등과 손바닥에 털이 많이 난 꿈은 ?

【해설】 : 걱정되는 일이 생길 징조.

❖ 손바닥에 불을 올려놔도 뜨겁지 않거나 상하지 않는 꿈은 ?

【해설】 : 난관을 극복하여 성공한다.

❖ 손톱이 길어지는 꿈은 ?

【해설】 : 재수가 있을 길몽이다. 반대로 손톱이 짧아진다면 손해를 보고 걱정이 생긴다. 손톱을 자르면 집안이 불화하고 손톱을 까보이면 다칠 징조.

❖ 넙적다리를 부상입거나 다치는 꿈은 ?

【해설】 : 타향에서 병들어 곤란을 받겠지만 반드시 후에 가서 났는다. 만일 미혼자라면 멀리 시집갈 것이고 기혼자라면 상처나 자식을 잃을 꿈이니 조심해야 한다.

❖ 넙적다리가 아름다워보이는 꿈은 ?

【해설】 : 먼 여행을 갈 징조.

❖ 무릎이 부상한 꿈은 ?

【해설】 : 영업이 불진할 징조이며 무릎이 부상해서 걸음을 못걸을 꿈은 실업할 징조이다.

❖ 무릎을 다친 후 완쾌되어 걷게되는 꿈은 ?

　【해설】 : 운수가 터져 재수 있는 길몽이다.

❖ 수염을 뽑는 꿈을 꾸면 ?

　【해설】 : 친지와 멀어지고 수염을 길게 길렀으면 부자가 된다.

❖ 얼굴에 검은 사마귀가 나 있는 꿈을 꾸면 ?

　【해설】 : 모든 일이 잘 안된다.

❖ 이빨이 난 꿈을 꾸면 ?

　【해설】 : 장수할 징조.

❖ 이가 빠지는 꿈을 꾸면 ?

　【해설】 : 친척이 사망할 징조, 윗니는 아버지, 아랫니는 어머니,
　　　　　앞니는 손아래, 견치는 손윗사람을 뜻한다. 또 윗니는
　　　　　남자, 아랫니는 여자를 상징하기도 한다.

❖ 어금니가 빠졌는데 피가 안나는 꿈은 ?

　【해설】 : 부모 상을 당한다.

❖ 입안에 터럭이 난 꿈은 ?

　【해설】 : 재수가 있고 복록을 누린다.

❖ 입이 커지는 꿈은 ?

　【해설】 : 재물을 얻을 수이고, 입이 상하는 꿈은 패가망신하는
　　　　　징조.

❖ 입이 막히고 음식을 먹지 못하는 꿈은 ?

　【해설】 : 급병에 걸릴 징조. 부녀자가 이 꿈을 꾸었다면 구설
　　　　　수가 있다.

❖ 혓바닥에 터럭이 나는 꿈을 꾸면 ?

　【해설】 : 관직에 변동이 없고 길하다.

❖ 몸에 날개가 나서 날아다니는 꿈은 ?

　【해설】 : 길몽이고 만사형통.

❖ 몸에 혹이 나는 꿈을 꾸면 ?

　【해설】 : 재수가 대통한다.

❖ 몸에 땀이 홍건하니 난 꿈은 ?

【해설】 : 흉하니 매사에 조심하라.

❖ 몸이 비대해진 꿈은 ?

【해설】 : 불길하다.

❖ 몸이 파리해 보이는 꿈은 ?

【해설】 : 길몽이지만 고생이 따른다.

❖ 벌거벗은 꿈은 ?

【해설】 : 재수가 있고 만사가 형통된다.

❖ 몸에서 빛이 나는 꿈을 꾸면 ?

【해설】 : 병이 위중할 꿈이나 만약 황금빛이라면 길조이다.

❖ 혀가 두 개인 사람을 본 꿈은 ?

【해설】 : 거짓말을 잘 하는 사람과 사귀게 된다.

❖ 일이 몹시 큰 사람을 만난 꿈은 ?

【해설】 : 재산이 많은 부자나 권력가 등 유명인사와 만나게 된다.

❖ 여러 가지의 물건을 한꺼번에 삼킨 꿈은 ?

【해설】 : 회사나 집안에 집기나 가재도구 등을 들여놓게 된다.

❖ 입을 벌렸는데 속에서 벌레가 나온 꿈은 ?

【해설】 : 근심걱정이 없어지고 무슨 일이든 만사 형통한다.

❖ 열 손가락을 모두 사용하여 무슨 일을 했던 꿈은 ?

【해설】 : 많은 사람들이 함께 임해야 하는 일이 생긴다.

❖ 왼손을 사용하여 무슨 일을 한 꿈은 ?

【해설】 : 옳지 못한 일에 협조하고 또는 직접 일을 저지르게 된다.

❖ 오른손을 사용하여 무슨 일을 한 꿈은 ?

【해설】 : 누구보다도 정의롭고 옳은 일을 하게 된다.

❖ 한 사람에게 여러개의 팔이 달린 것을 본 꿈은 ?

【해설】 : 많은 부하를 거느린 우두머리 격의 사람과 만나게 된다.

❖ 빠진 손목을 다시 맞춘 꿈은 ?

【해설】: 사업상 동거동락 했던 사람과 당분간 헤어질 일이 생긴다.

❖ 발바닥에서 피가 난 꿈은?

【해설】: 아랫사람에게 재물상의 손해를 입게 된다.

❖ 다리가 천근이나 되는 것처럼 무거워서 걸을 수가 없었던 꿈은?

【해설】: 자기 자신이나 직계가족에게 병이 생기거나 사업 등 모든 일이 순조롭게 진행되지 않는다.

❖ 허벅지에 총알을 맞은 처녀의 꿈은?

【해설】: 혼담이 이루어진다.

❖ 유부녀가 허벅지에 총알을 맞은 꿈은?

【해설】: 임신을 하게 된다.

❖ 눈빛이 희미하고 광채가 없는 사람을 본 꿈은?

【해설】: 소견이 좁은 사람과 사귀게 된다.

❖ 눈빛이 유난히 빛나는 사람을 만난 꿈은?

【해설】: 특출한 능력을 겸비한 사람을 만나게 된다.

❖ 코가 유난히 큰 사람을 본 꿈은?

【해설】: 물질 등 모든 면에서 풍요로운 사람과 접촉할 일이 생긴다.

❖ 코가 유난히 작은 작은 사람을 본 꿈은?

【해설】: 사회적인 지위가 낮거나 가난한 사람과 관계할 일이 생긴다.

❖ 코를 다치게 된 꿈은?

【해설】: 남과 크게 싸울 일이 생기거나 누구로부터 중상모략을 입게 된다.

❖ 병원에 가서 자주 코를 푼 꿈은?

【해설】: 관공서 등에 갈 일이 생기며 그곳에서 자기의 주장을 내세울 일이 생긴다.

❖ 코를 치료받거나 수술받는 꿈은?

【해설】: 자신이 하는 일과 관계되는 기관에서 간섭을 하게 된다.

❖ 누군가를 만났는데 그의 코가 무척 커보인 꿈은?

【해설】: 사회적으로 존경을 받을만한 사람과 상대할 일이 생긴다.

❖ 사람의 귀가 짐승의 귀로 바뀌어서 보이는 꿈은?

【해설】: 꿈속에서 본 사람에게 모함을 당하거나 그 사람에 의해 손해를 입게 된다.

❖ 사람들의 귀가 부처님처럼 크고 복스러워 보인 꿈은?

【해설】: 누구에게 무슨 일을 부탁하든 선선히 승낙을 받게 된다.

❖ 갑자기 귀머거리가 돼버린 꿈은?

【해실】: 기다리던 소식이 끝내 오지않게 되고 누구에겐가 소식을 전하려 했던 일도 근기하게 된다.

❖ 상대방의 귀가 유난히 탐스러워 보인 꿈은?

【해설】: 자신에게 호의를 갖고 접근하는 사람이 갑부일 가능성이 크다.

❖ 여러 갈래로 찢어진 귀를 달고 다니는 사람을 본 꿈은?

【해설】: 꿈 속에서 봤던 사람에 의해 물질적인 손해를 입거나 정신적으로 큰 피해를 입게 된다.

❖ 상반신을 벗고 일을 한 꿈은?

【해설】: 무슨 일을 하든 윗사람으로부터 협조를 받지 않는다.

❖ 하반신을 벗고 일을 한 꿈은?

【해설】: 무슨 일을 하든 아랫사람에게 협조를 받지 못한다.

❖ 거울을 앞에 놓고 옷을 모두 벗는 꿈은?

【해설】: 몹시 반가운 사람을 만나는데 그사람으로부터 신세한탄을 듣게 된다.

❖ 벌거숭이가 됐는데 그 알몸을 가리지 못해 몹시 당황해 한 꿈은?

42

【해설】 : 사업상의 일로 자신을 도와줄 사람이 없어 애태우게
          된다.

❖ 옷을 말쑥하게 입고 있는 꿈은?
【해설】 : 하는 일 모두가 순조로워서 거리낄 없이 없다.

❖ 알몸인 상태로 성교를 한 꿈은?
【해설】 : 사업 등의 일로 인한 대인관계에서 감추어야 할 일이
          전혀 생기기 않는다.

❖ 옷을 벗었는데도 부끄럽지 않은 꿈은?
【해설】 : 자신과 관계된 모든 일을 추호도 숨김이 없이 만인에
          게 공개하게 된다.

❖ 옷을 벗고 부끄러워 한 꿈은?
【해설】 : 지금껏 숨겨왔던 일이 탄로날까봐 조마조마해 하거나,
          숨겼던 일이 탄로나 창피를 당하게 된다.

❖ 자신의 알몸에 자신이 도취된 꿈은?
【해설】 : 남이 자신을 우러러볼 일이 생기며 알게 모르게 형제
          들의 도움을 받는다.

❖ 몸의 일부를 노출시키는 꿈은?
【해설】 : 믿었던 곳이 줄어들거나 과시할 일, 공개할 일 등이
          줄을 잇는다.

❖ 화가 앞에서 알몸인 채로 모델이 되는 꿈은?
【해설】 : 철학에 관계된 사람에게 자신의 운세를 상담할 일이
          생긴다.

❖ 털이 난 남의 몸을 본 꿈은?
【해설】 : 거래상 만난 사람이 솔직한 얘기를 하지 않으며 그것
          으로 인하여 싸움을 하게 된다.

❖ 누군가 머리를 감고 단정하게 빗는 것을 본 꿈은?
【해설】 : 자기 자신에게 자해를 하거나, 내가 잘못된 것을 남
          이 좋아하는 일을 당하게 된다.

부부지간의 꿈

❖ 부부가 모여서 이야기하는 꿈은?

【해설】: 이별할 징조이다.

❖ 부부가 서로 욕하며 싸우는 꿈은?

【해설】: 병이 날 징조이다.

❖ 고향에 있는 부모 또는 돌아간 부모를 자주 보는 꿈은?

【해설】: 병을 앓거나 구설수가 있다.

❖ 돌아간 아버지를 만나는 꿈은?

【해설】: 좋은 일이 있다.

❖ 가족이 한 방에 모이는 꿈은?

【해설】: 친척이 서로 다투는 징조.

❖ 형제가 이별하는 꿈은?

【해설】: 구설 논쟁의 징조

❖ 부모형제가 모여 연회하는 꿈은?

【해설】: 매사가 잘 되고 먼 곳에서 좋은 소식이 있다.

❖ 남자가 여승이 된 꿈은?

【해설】 : 흉몽이니 조심할 것.

❖ 부인과 같이 동행하는 꿈은 ?

【해설】 : 재물을 잃는다.

❖ 남의 부인을 품은 꿈은 ?

【해설】 : 경사가 있다.

❖ 부인과 같이 앉아있는 꿈은 ?

【해설】 : 길몽이다.

❖ 자기 처가 다른 사람에게 시집가는 꿈은 ?

【해설】 : 처가 죽거나 병든다.

❖ 처자가 서로 모여서 울고있는 꿈은 ?

【해설】 : 고생하거나 가난해질 징조.

❖ 아이 밴 여자를 보는 꿈은 ?

【해설】 : 만사가 뜻대로 된다.

❖ 임신부가 아닌 부인이 아이를 낳은 꿈은 ?

【해설】 : 만사가 뜻대로 된다.

❖ 부인이 남자가 된 꿈은 ?

【해설】 : 길몽이다.

❖ 남편이 둘로 되어 보이는 꿈은 ?

【해설】 : 남편에게 두 마음이 있는 징조.

❖ 사내아이를 낳는 꿈은 ?

【해설】 : 병중이라면 병이 완쾌하고 길몽이다.

❖ 남자가 아이를 낳는 꿈은 ?

【해설】 : 어렵지 않게 재물을 얻는 수이다.

❖ 어린아이를 낳는 부인을 보는 꿈은 ?

【해설】 : 경사가 있고 집안이 번영한다.

❖ 아내가 임신 중 아내가 임신한 꿈을 꾸면 ?

【해설】 : 아이가 아버지를 닮으며 또한 잘자란다.

❖ 남자와 여자가 같이 물 속에 들어가는 꿈은 ?

【해설】 : 대길이며 만사형통한다.

❖ 남녀가 관계하며 연석을 베푸는 꿈은 ?
【해설】 : 혼담이 이루어지고 만사가 뜻대로 된다.
❖ 혼인 잔치에 술잔이 낭자하는 꿈을 꾸면 ?
【해설】 : 근심이 많다.
❖ 자식이 죽는 꿈은 ?
【해설】 : 구설이 없어져서 길몽이다.
❖ 계집아이를 안아주는 꿈은 ?
【해설】 : 구설이 많다.
❖ 여자가 저녁화장을 하는 꿈은 ?
【해설】 : 모든 일이 순조롭다.
❖ 사위를 맞아들이는 꿈은 ?
【해설】 : 길몽이나 내가 남의 사위가 되는 꿈은 흉몽이다.
❖ 중매장이가 된 꿈은 ?
【해설】 : 구설 논쟁이 생긴다.
❖ 양자나 출가 또는 데릴사위가 되어가는 꿈은 ?
【해설】 : 근심할 일이 생길 징조이고 먼 곳의 벗이 근심을 가져다 줄 징조.
❖ 미인에게 장가드는 꿈은 ?
【해설】 : 경사가 있다.
❖ 미남자와 결혼하는 꿈은 ?
【해설】 : 경사와 만족이 있다.
❖ 부인이 몹시 검은 남자와 결합하는 꿈운 ?
【해설】 : 재물과 명예를 얻는다.
❖ 남자가 흑색 부인과 결혼하는 꿈은 ?
【해설】 : 병을 얻는다.
❖ 신부가 웃는 얼굴을 보이는 꿈은 ?
【해설】 : 친한 친구가 찾아온다.
❖ 말라빠지고 죽은 깨가 많은 부인과 결혼하는 꿈은 ?
【해설】 : 빈궁해질 징조.

❖ 이성이 성기를 보여준 꿈은?
  【해설】 : 사업상 유혹을 받을 일이 있거나 자신의 실력을 자랑
        할 일이 생긴다.
❖ 전혀 꺼리낌이 없이 사람들에게 자신의 성기를 꺼내보이는 꿈
  은?
  【해설】 : 자기가 만든 물건이나 자식들을 남 앞에서 자신만만
        하게 자랑할 일이 생긴다.
❖ 강한 성욕을 느꼈으면서도 성교를 하지 못한 꿈은?
  【해설】 : 하는 일이 심하게 꼬이고 자식이 대들 일이 생긴다.
❖ 남의 성기가 굉장히 커보였는데 알고 보니 모조품이었다는 사
  실을 알게 된 꿈은?
  【해설】 : 누구에게 감언이설로 속았던 사실을 깨닫게 되거나
        어떤 물건에 대해 과대평가했던 걸 비로소 깨닫게 된
        다.
❖ 남자는 여자, 여자는 남자의 성기가 유난히 훌륭하다고 생각하
  며 최상의 성교를 한 꿈은?
  【해설】 : 자신이 어떤 일을 했을 때 주위로부터 칭찬을 받는다.
❖ 여자가 소변보는 모습을 감상한 꿈은
  【해설】 : 경쟁자에게 뒤떨어지거나, 경쟁을 했던 사람이 크게
        성공하자 패배의식에 빠져 몹시 괴로워한다.
❖ 남이 자신의 성기를 볼까봐 고심한 꿈은?
  【해설】 : 자신이 했던 일에 심한 부끄러움을 느끼며 의기소침
        해질 일이 생긴다.
❖ 노력을 하는데도 성기가 발기불능이 돼 초조해하는 꿈은?
  【해설】 : 하고 있는 일에 대해 애착이 가지 않으며 결국은 실
        패하게 된다.
❖ 호텔이나 여관 등 숙박업소와 관계한 꿈은?
  【해설】 : 어떤 회상 임시직으로 취직이 되거나 한없이 기다려
        야 할 일 등이 생기게 된다.

지리관계의 꿈

❖ **땅이 울퉁불퉁하고 평탄하게 고루지 못한 꿈은?**
   【해설】: 뜻밖의 일로 놀라게 되며 신수가 불행해질 징조.
❖ **지상에 누워 보이는 꿈은?**
   【해설】: 근심이 그치지 않는다.
❖ **집이 가라앉거나 땅이 꺼지는 꿈은?**
   【해설】: 어머니가 주로 좋지 않을 징조.
❖ **사람이 흙덩어리를 주고 받는 꿈은?**
   【해설】: 대길이다.
❖ **흙을 가지고 집으로 돌아오는 꿈은?**
   【해설】: 대단히 재수가 있다. 그러나 자신이 흙을 손에 쥐고
            오면 수치를 당한다.
❖ **몸이 흙속으로 들어가는 꿈은?**
   【해설】: 모든 일이 길하다.
❖ **땅을 파서 몸을 묻는 꿈은?**
   【해설】: 재산이 늘고 저축이 된다. 땅이 갈라지고 몸이 빠지

면 불길하다.

❖ 산중에서 보물을 얻는 꿈은?

【해설】: 대길하며 반드시 복록이 있다.

❖ 산 정상에서 사람을 만나는 꿈은?

【해설】: 대길이다.

❖ 깊은 산에 들어가 길을 잃고 곤란할 때에 이인을 만나 길을 안내 받는 꿈은?

【해설】: 출세할 꿈이다.

❖ 산꼭대기에 오르거나 지붕 위에 선 꿈은?

【해설】: 근심이 쉴 사이 없으며 윗사람에게는 미움 받고 아랫사람에게는 참소를 받는다.

❖ 운무가 높은 산을 덮는 꿈 또는 산골짜기에서 운무가 나와 점점 온 산을 덮는 꿈은?

【해설】: 소원하는 일이 급히 이루어지지 않으니 때를 기다려라. 다만 폭포수가 우렁차게 쏟아지는 광경을 같이 보면 불원간 귀인을 만나 일이 성공된다.

❖ 높은 산 높은 재에서 내려오는 꿈은?

【해설】: 천한 자에겐 길하고 귀한 자는 흉하다.

❖ 산중에서 농사 짓는 꿈은?

【해설】: 의식이 부러울 것 없다.

❖ 산과 숲을 다니는 꿈은?

【해설】: 길하고 만사가 뜻대로 된다.

❖ 아지랑이와 안개가 여러 산에 많이 낀 경치를 보는 꿈은?

【해설】: 만사가 느릿느릿 진전된다. 그렇다고 급히 서둘러서는 손해를 볼 것이니 천천히 기회를 보아서 행해야만 한다.

❖ 산골짜기가 무너지는 꿈은?

【해설】: 흉몽이고 손윗사람이 상을 당하기 쉽다.

❖ 불 가운데 산과 숲이 있는 꿈은?

【해설】: 좋은 징조이고 모든 일이 순조롭다.

❖산에 불이 나는 꿈은?

【해설】: 좋은 징조이며 모든 일이 순조롭다.

❖나무 없는 붉은 산이나 넓은 들을 보는 꿈은?

【해설】: 먼곳에서 사람이 찾아온다.

❖집터가 변해서 들판이 된 꿈은?

【해설】: 일가 친척이 흩어질 징조

❖산을 짊어지는 꿈은?

【해설】: 큰 권세를 잡는다.

❖높은 산에 붉은 구름이 감돌고 있는 꿈은?

【해설】: 만사 형통.

❖산이나 언덕을 오르는 꿈은?

【해설】: 병이 쾌차하고 재앙이 없어진다.

❖들에 나가 놀이 하며 나물을 캐는 꿈은?

【해설】: 자손이 번창하고 장차 부귀를 누릴 징조이다. 다만 여난의 우려가 있으니 조심할 것.

❖높은 산을 보는 꿈은?

【해설】: 모두 길하다. 높을수록 좋다.

❖돌을 운반하여 집으로 가져오는 꿈은?

【해설】: 대길하다.

❖바위 위에 올라가 보는 꿈은?

【해설】: 길몽이다. 재수가 있고 잔돌을 손으로 희롱하는 꿈은 여러 아들을 낳는다.

❖물이 양양하게 흘러가는 꿈은?

【해설】: 혼담이 잘 된다. 단 여난을 주의하라.

❖물이 맑아 보이는 꿈은?

【해설】: 사람의 우두머리가 되고 모든 일이 순조롭다.

❖도랑물이 넘치도록 흐르는 꿈은?

【해설】: 술이나 떡이 생긴다. 그리고 장수할 징조.

50

❖ 산천 경치를 구경하며 유람 유산하거나 천석 등을 구경하는 등의 꿈은
【해설】: 손재주가 크며 또 불시에 여행을 하게 된다.

❖ 지진이 일어나서 집이 흔들리는 꿈은?
【해설】: 소송 사건이 생기거나 부상을 입을 징조이다.

❖ 바다 물결이 사나운 꿈은?
【해설】: 가정, 친척, 친구지간에 다툼이 생기기 쉬우니 조심하라.

❖ 바다에 파도가 일지 않고 바람이 잠잠하며 한점 구름도 없이 개인 것을 꿈을 꾸면?
【해설】: 만사가 순조롭고 윗사람에게 신임을 받아 출세한다.

❖ 항해 하다가 항구에 도달한 꿈은?
【해설】: 일이 뜻대로 되고 사람들의 존경을 받는다.

❖ 홍수가 나서 도로가 유실되는 꿈은?
【해설】: 만사가 잘 되지 않으며 또 구설 논쟁이 생긴다.

❖ 냇물이 말라 버리는 꿈은?
【해설】: 가난해질 징조.

❖ 못에 물이 많이 있는 것을 본 꿈은?
【해설】: 부귀 번창할 징조

❖ 연못에 빠진 꿈은?
【해설】: 후회할 일이 생긴다.

❖ 연못을 파는 꿈은?
【해설】: 몸이 편안해질 징조.

❖ 연못에 물고기가 놀거나 꽃이 핀 것을 본 꿈은?
【해설】: 아들을 얻는다.

❖ 굴속에서 나오거나 또는 밤이 차차 새벽이 되는 꿈은?
【해설】: 출세 양명하여 성공할 징조이다.

❖ 모래무더기나 모래 언덕을 쌓아 올린 꿈은?
【해설】: 학문 연구에 깊이 몰두하거나 자기 발전을 위해서 많

은 서적을 읽는다.

❖ **모래 사장에 자기의 발자국을 남긴 꿈은?**

【해설】: 어떤 기관에 자기의 경력이나 행적을 남기게 된다.

❖ **강변 모래밭에서 여러 가지 물건을 캐낸 꿈은?**

【해설】: 어떤 사업 기반에서 여러 방면으로 자원을 얻거나 권리가 주어진다.

❖ **모래밭에 씨앗을 뿌린 꿈은?**

【해설】: 자기 분수에 맞지 않은 사업으로 시작하여 항상 마음이 불안하다.

❖ **사막 중간에서 길을 찾아 헤맨 꿈은?**

【해설】: 어떤 단체에서 자기의 실력을 제대로 발휘하지 못한다.

❖ **남이 파 놓은 함정에 빠진 꿈은?**

【해실】: 하는 일마다 제대로 풀리지 않고 몸에 병이 생기게 된다.

❖ **몸이나 옷에 흙이 묻은 꿈은?**

【해설】: 질병에 걸리거나 다른 사람 때문에 자신이 누명을 쓰게 된다.

❖ **흙벽돌을 많이 만들거나 쌓아 놓은 꿈은?**

【해설】: 많은 지식을 얻거나 사업 자금이 생긴다.

❖ **진흙이나 수렁에 빠진 꿈은?**

【해설】: 하는 일마다 제대로 풀리지 않아 곤경에 빠지게 된다.

❖ **논밭의 흙이 검게 보인 꿈은?**

【해설】: 사업상 자기에게 유리한 조건을 확보하게 된다.

❖ **흙을 파서 금은보화나 고고학적 유물을 얻어 가진 꿈은?**

【해설】: 어떤 기관에서 연구나 사업 성과를 얻고 권리나 횡재가 생기게 된다.

❖ **누런 흙탕물이 흐르는 것을 본 꿈은?**

【해설】: 진리가 담긴 서적을 읽거나 특수 사업체와 관련을 맺는다.

❖ **붉은 흙산이 갑자기 생긴 것을 본 꿈은?**

【해설】 : 사회적으로나 국가 방위상 불안한 일이 생긴다.

❖ **흙을 파서 집으로 가져온 꿈은?**

【해설】 : 뜻밖의 사업자금이 여러곳에서 생기게 된다.

❖ **흙을 파서 물건을 얻은 꿈은?**

【해설】 : 단체에서 그 물건이 상징하는 창작물의 기초를 마련
하게 된다.

❖ **길에 파놓은 함정을 뛰어넘거나 차를 탄채 뛰어넘은 꿈은?**

【해설】 : 어렵고 힘든 여건을 잘 극복해 나간다.

❖ **숲속에 앉거나 누워있는 꿈은?**

【해설】 : 병원에 갈 일이나 사업상 조용히 기다릴 일이 생기게
된다.

❖ **나무를 베고 숲은 개간한 꿈은?**

【해설】 : 묵은 것을 버리고 새로운 것을 개척한다.

❖ **숲에 관한 꿈은?**

【해설】 : 일반적으로 기업체, 백화점, 학원 등을 나타낸다.

❖ **숲속을 걷는 꿈은?**

【해설】 : 사업, 학업, 연구 등을 나타낸다.

❖ **개간지 한가운데서 물이 유유히 흐르는 꿈은?**

【해설】 : 여러가지로 자원이 풍부함을 나타낸다.

❖ **숲속의 개울에서 물고기를 잡는 꿈은?**

【해설】 : 계획하고 있는 일을 추진하며 성과를 얻는다.

❖ **숲속을 걸어들어간 꿈은?**

【해설】 : 견학, 직무수행, 독서 등을 나타낸다.

❖ **산에 서 있는 나무가 허술하게 보인 꿈은?**

【해설】 : 방어 태세가 완벽하지 않다.

❖ **산에 숲이 우거져 보인 꿈은?**

【해설】 : 방어 태세가 안전함을 나타낸다.

과실 채소의 꿈

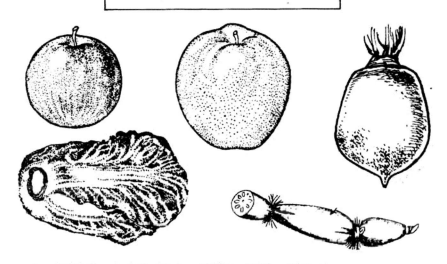

❖ 사람들을 모이게 하고 연회를 베푸는 꿈은 ?

　　【해설】: 점차 부자가 된다. 담배를 피우는 꿈은 희망있는 일
　　　　　　이 많다.

❖ 거적 위에 손님들을 모아놓고 분주히 의논하는 꿈은 ?

　　【해설】: 집안이 산란해질 징조

❖ 남에게 술을 주는 꿈은 ?

　　【해설】: 구설이 많다.

❖ 남이 나를 청해다 술을 주는 꿈은 ?

　　【해설】: 명이 길다.

❖ 술이 취해서 광태를 부리는 것을 보는 꿈은 ?

　　【해설】: 남과 논쟁하고 구설이 생긴다.

❖ 술을 마시고 만취해서 쓰러지는 꿈은 ?

　　【해설】: 병으로 고생한다.

❖ 술에 취하여 눕는 꿈은 ?

　　【해설】: 남에게 사기 당하여 논쟁을 하면 병으로 고생하는 수

가 생긴다.

❖ **귀한 분과 더불어 식사를 하는 꿈은?**

【해설】: 매사가 순조롭고 길하다.

❖ **젖을 먹어 보는 꿈은?**

【해설】: 길하고 식록이 늘어간다.

❖ **꿀이나 엿을 먹는 꿈은?**

【해설】: 불길하니 매사가 뜻과 같이 되지 못한다.

❖ **물을 많이 마시는 꿈은?**

【해설】: 재물을 얻고 길하다.

❖ **어물 생선 또는 새 종류를 요리해 먹어보이는 꿈은?**

【해설】: 소원 성취하고 길하다.

❖ **생고기를 먹어보는 꿈은?**

【해설】: 흉하고 익힌 고기 또는 군고기를 먹어 보이면 길하다.

❖ **떡을 먹는 꿈은?**

【해설】: 구하는 바를 얻는다.

❖ **밥을 많이 먹어 보이는 꿈은?**

【해설】: 점점 부자가 된다.

❖ **떡을 불에 굽는 꿈은?**

【해설】: 흉하니 서로 약속한 일이 허사로 돌아간다.

❖ **만두를 보기만 하고 먹지 못한 꿈은?**

【해설】: 좋은 일이 있고 만두를 먹어 보이면 구설이 끝나며 무사할 징조

❖ **오이 종류를 먹는 꿈은?**

【해설】: 자손에 질병이 생긴다.

❖ **약초를 먹는 꿈은?**

【해설】: 근심걱정이 없어진다.

❖ **모과를 먹는 꿈은?**

【해설】: 큰 재물을 얻는다.

❖ **수박을 먹는 꿈은?**

【해설】 : 상사가 있으며 남이 보낸 수박을 받으면 구설이 생긴다.

❖ 파, 마늘을 먹어 보이는 꿈은?

【해설】 : 타인과 싸우는 일이 생기며 또 비밀이 폭로되고 하인 배가 배반한다.

❖ 가지를 먹는 꿈은?

【해설】 : 길하며 혼담이 성립되고 처첩이 임신하게 된다. .

❖ 가지를 보는 꿈은?

【해설】 : 길하고 가지를 먹는 꿈은 입신 출세하지만 가지를 남에게 주는 꿈은 흉하며 재산이 없어지고 가난해진다.

❖ 과일은 무슨 과일이던 간에 일체 과일을 먹는 꿈은?

【해설】 : 병자가 집안에 있으면 병자에게 해로운 징조이다.

❖ 호도를 먹는 꿈은?

【해설】 : 그날 하루 만은 매사에 불쾌하고 신경이 예민해진다. 그러나 단 기간에 사라져 버린다.

❖ 감추어 두었던 호도를 발견한 꿈은?

【해설】 : 의외의 재물을 얻는다.

❖ 밤을 먹는 꿈은?

【해설】 : 이별하는 일이 생긴다.

❖ 귤감을 먹는 꿈은?

【해설】 : 친구가 사망한다.

❖ 시금털털한 귤감류를 먹는 꿈은?

【해설】 : 재물을 잃어버린다.

❖ 석류를 먹는 꿈은?

【해설】 : 자손에게 흉하다.

❖ 복숭아나 오化 등을 먹는 꿈은?

【해설】 : 구설이 많으며 다만 그 계절이면 길하다.

❖ 능금을 먹는 꿈은?

【해설】 : 기쁜 일이 생긴다. 그리고 이 꿈은 부인이 가장 길한

데 덜 익고 신 것을 먹으면 송사가 주로 생긴다.

❖ **포도를 먹는 꿈은?**

【해설】 : 이별했다가 다시 만날 징조

❖ **포도나무를 본 꿈은?**

【해설】 : 부자가 될 징조이고 포도 열매를 먹으면 기쁜 일이 많다.

❖ **뽕나무 열매 또는 대추를 먹는 꿈은?**

【해설】 : 귀한 아들을 낳는다.

❖ **소금, 술, 식초 등의 꿈은?**

【해설】 : 만사가 대길하다.

❖ **식초를 남에게서 선물받는 꿈은?**

【해설】 : 먼 곳에서 소식이 오고 식초를 만드는 꿈은 임신되며 식초를 혀끝으로 맛보는 것은 남의 경멸을 받는다.

❖ **소금을 맛보는 꿈은?**

【해설】 : 길하고 수명이 장수한다.

❖ **감주를 마시는 꿈은?**

【해설】 : 친척 친구지간에 다투고 구설이 그칠 날이 없다.

❖ **술을 만드는 꿈은?**

【해설】 : 길하나, 다만 간사한 사람이 이 꿈을 얻으면 비밀이 탄로 된다.

❖ **술찌거미를 보는 꿈은?**

【해설】 : 반드시 떳떳지 못한 일이 생긴다.

❖ **과수원 안을 거닌 꿈은?**

【해설】 : 학문 연구, 사업, 기관 등에 종사함을 나타낸다.

❖ **대나무를 많이 베어 온 꿈은?**

【해설】 : 재물이 생기거나 새로운 계획을 추진해 나간다.

❖ **과일을 많이 따온 꿈은?**

【해설】 : 이것이 태몽이라면 여러 사람을 거느리고 사업을 할 자본을 얻는다.

❖ 무성하게 자라고 있는 채소류를 본 꿈은?

【해설】: 사업, 혼담, 계약 등이 이루어진다.

❖ 인삼을 얻거나 본 꿈은?

【해설】: 여러 방면으로 남의 이목을 한몸에 받게 된다.

❖ 고추가 집마당에 널려 있는 꿈은?

【해설】: 사업을 추진하려고 여러가지 계획을 나타낸다.

❖ 해초류를 바다에서 건져온 꿈은?

【해설】: 어떤 단체에서 재물과 관계되는 일로 시비가 생긴다.

❖ 퇴비나 건초더미를 만든 꿈은?

【해설】: 여러 방면으로 자본이 축적된다.

❖ 금잔디로 잘 다듬어진 무덤을 본 꿈은?

【해실】: 남의 도움을 받아 쉽게 일이 성사된다.

❖ 수삼이나 건삼을 많이 캐오거나 사온 꿈은?

【해설】: 많은 재물이 생기고 여러 방면으로 가치 있는 제품이 생산된다.

❖ 밭의 신선한 채소를 본 꿈은?

【해설】: 남을 통해서 자기 사업이 발전한다.

❖ 채소밭에 꽃이 만발한 꿈은?

【해설】: 사업 성과, 작품 등을 통해서 경사스러운 일이 있다.

❖ 새알을 뱀이 물어간 꿈은?

【해설】: 사회사업을 하는 사람과 결혼을 한다.

❖ 미역국을 먹는 꿈은?

【해설】: 입학, 취지, 청탁 등이 자기 뜻대로 안된다.

❖ 바구니에 붉은 고추를 가득 따온 꿈은?

【해설】: 이것이 태몽이라면 사업, 작품 등에 관련이 있을 자손을 얻는다.

❖ 무우나 파밭 근처에 배추밭이 있는 꿈은?

【해설】: 미혼자는 혼담이 오고간다.

❖ 잘 익은 과일을 따 먹는 꿈은?

【해설】 : 좋은 일을 책임진다.

❖ 연시를 따먹거나 사먹는 꿈은?

【해설】 : 맡고 있는 일이 쉽게 풀리고 자기에게 이득이 있다.

❖ 하늘에서 포도알이 떨어진 꿈은?

【해설】 : 이것이 태몽이라면 지도자, 교사, 작가 등의 직업을 갖는 자손을 얻는다.

❖ 떨어진 밤알을 여러 개 먹거나 주머니에 넣는 꿈은?

【해설】 : 다른 사람과 사소한 일로 다툰다.

❖ 어슴푸레한 달밤에 배꽃이 핀 꿈은?

【해설】 : 반가운 사람을 만나거나 경사로운 일이 있다.

❖ 붉은 대추를 많이 따온 꿈은?

【해설】 : 재물이 생기고 여러가지로 사업 성과를 나타낸다.

❖ 꽃은 졌는데 열매를 맺지 않는 꿈은?

【해설】 : 하는 일이 발전이 없거나 궁지에 몰리게 된다.

❖ 잘 익은 복숭아를 얻은 꿈은?

【해설】 : 남녀 교제가 자연스럽게 이루어지고 학생은 학업 성적이 우수해진다.

❖ 죽순이 갑자기 크게 자란 꿈은?

【해설】 : 하고 있는 일이 자기 뜻대로 이루어진다.

❖ 집안에 심은 과일나무에 과일이 주렁주렁 열린 꿈은?

【해설】 : 결혼, 사업, 작품 등을 나타낸다.

❖ 한 개 뿐인 빨간 과일을 따 먹는 꿈은?

【해설】 : 여자를 만나거나 고시에 합격한다.

❖ 나무 밑에 떨어진 상수리를 많이 줍는 꿈은?

【해설】 : 여러 방면으로 많이 재물을 얻는다.

❖ 여러개의 배나무를 단계적으로 심는 꿈은?

【해설】 : 순리대로 사업이 이루어진다.

❖ 감나무에 오르거나 감을 따먹는 꿈은?

【해설】 : 일을 단계적으로 차근차근 진행해 나간다.

곡식의 꿈

❖ 논가운데 풀이 푸르게 나 보이는 꿈은?

【해설】: 재물을 얻어 길하다.

❖ 농사를 짓는 꿈은?

【해설】: 재물을 얻고 대길하다.

❖ 전답이 황폐한 꿈은?

【해설】: 행운이 찾아오며 길하다.

❖ 자기 손수 벼를 논에 심는 꿈은?

【해설】: 출타할 징조. 벼를 베는 꿈도 역시 출타할 징조이다.

❖ 논에 모내기 하는 것은 구경하는 꿈은?

【해설】: 관리는 지위가 오르고 상인은 장사에 이득이 생긴다.

❖ 남으로 하여금 농사를 짓게하는 꿈은?

【해설】: 재수가 있고 대길하다.

❖ 산중에 있는 농사집으로 가보는 꿈은?

【해설】: 점차로 부귀하게 된다.

❖ 산중에 농사짓는 집이 있는 꿈은?

【해설】 : 의식이 풍족하다.

❖ 오곡이 무성해 보이는 꿈은?

【해설】 : 재수가 있고 재물과 행복을 얻는다.

❖ 벼나 보리가 풍년이 들어 잘 결실되어 있는 꿈은?

【해설】 : 몸이 평안하고 재물이 생긴다.

❖ 쌀과 보리를 넓은 지역에 뿌려 보이는 꿈은?

【해설】 : 애쓴 보람이 있어 큰 돈이 들어오게 된다.

❖ 오곡이 잘 익어서 수확하는 꿈은?

【해설】 : 주식이 생긴다.

❖ 곡식이 창고에 가득차 보이는 꿈은?

【해설】 : 사업이 번창하고 혼담이 성립되며 소송에 승소한다.

❖ 오곡이 풍만하나 아직 익지 않은 꿈은?

【해설】 : 점차 부자가 될 꿈이다.

❖ 보리 혹은 벼가 이삭이 나와 보이는 꿈은?

【해설】 : 큰 재물을 얻는다.

❖ 남에게서 미곡을 얻어 보이는 꿈은?

【해설】 : 길한 일이 많다. 쌀섬을 보는 것도 길하다.

❖ 쌀이 하늘에서 비오듯 하는 꿈은?

【해설】 : 대길하며 만사가 형통한다.

❖ 쌀 위에 앉아있는 꿈은?

【해설】 : 식록이 좋다.

❖ 미곡 등을 되와 말로 계량해 보이는 꿈은?

【해설】 : 협의하는 일이 성립되고 쌀을 사들여 오면 병이 물러 간다.

❖ 지붕 위에 벼포기가 나보이는 꿈은?

【해설】 : 관직에 오르고 식록이 생긴다.

❖ 콩이나 보리쌀을 보는 꿈은?

【해설】 : 자손에게 나쁘다.

❖ 콩 종류를 먹는 꿈은?

【해설】: 자손에게 해롭고 집안에 분쟁이 일어난다.

❖ 팥이 쌓여있는 것을 보는 꿈은?

　【해설】: 그 집이 차츰 기울고 흩어진다.

❖ 허수아비 소리내는 깡통 등 농가집 전답에서 곡식을 지키는 꼭 두각시 등을 보는 꿈은?

　【해설】: 대길하고 모든 일이 다 좋으나 다만 겨울의 이 꿈은 도난의 염려가 있다.

❖ 물방아의 꿈은?

　【해설】: 남자일 때 신분이 자기보다 높은 여인과 인연을 맺어 뜻밖에 좋은 일이 있으며 여자일 때 아랫사람에게 신임을 받는다. 그러나 다만 구설수가 있으니 조심하라.

❖ 쌀이 하늘에서 눈 내리듯 쏟아진 꿈은?

　【해설】: 재물이 많이 생기거나 좋은 일이 있다.

❖ 목화꽃이 탐스럽게 핀 밭 둑을 걷는 꿈은?

　【해설】: 사업이 번창하고 미혼자는 혼담이 오고간다.

❖ 논에 물이 흥건히 고인 꿈은?

　【해설】: 모든 조건이 여러모로 만족한 상태를 나타낸다.

❖ 벼 베는 것을 본 꿈은?

　【해설】: 사업이 잘 운영되어 재물을 얻는다.

❖ 물이 마른 논의 꿈은?

　【해설】: 재정의 결핍, 세력권 등을 나타낸다.

❖ 전답을 파는 꿈은?

　【해설】: 남에게 사업 자금을 대준다.

❖ 수북이 쌓아 놓은 콩깍지가 썩은 꿈은?

　【해설】: 사업 자금, 재산 등이 탕진된다.

❖ 잡곡밥을 먹는 꿈은?

　【해설】: 힘든 일을 하거나 하고 있는 일이 썩 마음에 내키지 않는다.

❖ 알곡식과 쭉정이를 가려낸 꿈은?

【해설】: 공적인 것과 사적인 일을 구분할 일이 생긴다.

❖ 쌀가마가 집안에 수북이 쌓인 꿈은?

【해설】: 재물이 생기거나 사업이 번창한다.

❖ 벼가 무르익은 꿈은?

【해설】: 일의 성숙기에 접어든 것을 나타낸다.

❖ 남이 만든 화학비료를 이유없이 담는 꿈은?

【해설】: 남의 좋은 점을 자기가 이용한다.

❖ 동물들이 논두렁 밑에서 우글거리는 것을 본 꿈은?

【해설】: 어느 단체의 지도자가 된다.

❖ 탈곡을 열심히 하는 꿈은?

【해설】: 미혼자는 혼담이 오고간다.

❖ 들판에 메밀꽃이 활짝 핀 꿈은?

【해설】: 하고 있는 일이 순리대로 이루어진다.

❖ 여러 곡식이 자라는 밭에 수수 이삭이 여물어 가는 것이 인상적으로 보인 꿈은?

【해설】: 자기 자신을 내세워 세인의 이목에 한몸에 받고 싶어 한다.

❖ 개간을 해서 논밭을 일군 꿈은?

【해설】: 개척적이며 계몽적인 일을 계획해서 추진한다.

❖ 모를 심는 꿈은?

【해설】: 자신이 하고 있는 일을 다른 사람에게 널리 알리고 싶어한다.

❖ 곡식이 익은 들판에 세워 놓은 허수아비를 흔드는 꿈은?

【해설】: 이것이 태몽이라면 그림에 관해서 공부할 자손을 얻는다.

❖ 빵에 크림 종류 등을 발라서 먹은 꿈은?

【해설】: 남들이 쳐다보지도 않던 일을 맡아 훌륭하게 가꾸어 놓는다.

❖ 임금님이 손수 따루어주는 술을 받아 마신 꿈은?
　【해설】: 중요한 직책의 자리에 앉게 되거나 명예가 뒤따르는 일을 맡게 된다.

❖ 삶거나 굽지 않은 날음식을 맛있게 먹은 꿈은?
　【해설】: 경험이나 지식이 없는 일을 처리해야 할 환경에 처하게 된다.

❖ 남에게 빼앗길까봐 숨어서 살며시 음식물을 먹은 꿈은?
　【해설】: 어떤 일을 자기 혼자서 해결해야 된다.

❖ 음식물을 여러 사람과 나누어 먹은 꿈은?
　【해설】: 여러 사람이 협력해서 처리해야 할 일이 생긴다.

❖ 음식물을 유난히 꼭꼭 씹어먹었는데 그것이 태몽인 꿈은?
　【해설】: 임신 중에 유산이 되거나 정상적으로 태어나기에 어렵다.

❖ 잔치집 등에 많은 사람들이 모여 음식물을 먹는 꿈은?
　【해설】: 동창회 등 많은 사람들이 모이는 모임에 참석하게 된다.

❖ 누군가로부터 음식대접을 받은 꿈은?
　【해설】: 고용인이 되어 주인을 모실 일이 생기거나 어떤 일의 책임주로 지목을 받게 된다.

❖ 호도 등을 한입에 깨물어 먹은 꿈은?
　【해설】: 어떤 일을 진행하든 큰 성과를 얻게 된다.

❖ 남이 따루어주는 술을 받아 단숨에 마셔버린 꿈은?
　【해설】: 교활한 계교에 빠지거나 누가 명령한 일에 복종한 수 정신적으로 시달리게 된다.

❖ 썩어서 심한 냄새가 나는 음식물을 먹은 꿈은?
　【해설】: 어떤 일을 하든 결과는 헛수고가 되어 심한 불쾌감을 경험하게 된다.

❖ 떡을 먹는 꿈은?
　【해설】: 재물이나 그와 관계된 일거리를 받게 된다.

하여 함께 음식을 먹은 꿈은?

【해설】: 저명인사나 문학단체에서 행하는 파티나 세미나 등에 초대받을 일이 생긴다.

❖ 부엌에서 음식을 열심히 만든 꿈은?

【해설】: 하고 있는 일을 재점검하거나 무언가를 만들 일이 생긴다.

❖ 애인과 함께 중국집에서 음식을 먹은 꿈은?

【해설】: 혼담에 좋지 않은 문제가 생기거나 사업상의 일에도 의견이 서로 엇갈려 불이익을 당하게 된다.

❖ 야외에서 식사를 한 꿈은?

【해설】: 외교적인 일을 하거나 외근을 해야 하는 부서로 발령을 받게 된다.

❖ 진수성찬으로 차려진 음식상을 대한 꿈은?

【해설】: 자신이 제시한 의견이나 아이디어 등이 좋은 평판을 받게 된다.

❖ 음식상 옆에 파란 똥이 있었던 꿈은?

【해설】: 빚보증을 섰던 일에 사고가 생겨 빚을 걸머지게 되거나 심하게 창피당할 일이 생긴다.

❖ 찌개가 남비 속에서 요란하게 끓는 꿈은?

【해설】: 사랑하고 싶은 이성을 만나게 되나 상대방이 냉담한 반응을 보여 짝사랑으로 끝나게 된다.

❖ 여러 사람이 모여서 음식을 먹는데 자기의 그릇이 유난히 고급스러운 꿈은?

【해설】: 진급을 하게 되고 남보다 뛰어난 사람으로 평가를 받게 된다.

❖ 어두운 곳에서 식사를 한 꿈은?

【해설】: 혼자서만 알고 있어야 할 비밀이 생기게 되고 자신이 없는 일을 책임지게 된다.

❖ 큰 시루에 가득 담긴 떡을 한꺼번에 남김없이 먹어버렸는데 그것이 태몽인 꿈은?

【해설】: 태어나는 아이가 성장하면 모든 면에서 부족한 것이 없으며 세상에 이름을 떨치게 된다.

❖ 우유를 벌컥벌컥 마신 꿈은?

【해설】: 책임을 맡을 일이 생기고 남과 상의해서 일을 추진하면 결과가 좋게 나타난다.

❖ 밥상을 받았는데 밥은 없고 반찬만 즐비한 꿈은?

【해설】: 무슨 일을 하든 중심에 들지 못하고 수박 겉핥기 식으로 사소한 곳에만 정신을 집중하게 된다.

❖ 고기국에 건더기는 한 점도 없고, 국물만 있는데 그것을 먹은 꿈은?

【해설】: 정열적으로 일을 해놓고도 거기에 대한 댓기를 충분히 보상받지 못하게 된다.

❖ 냉면을 맛있게 먹은 꿈은?

【해설】: 걱정을 해도 뾰족한 수가 생기지 않아서 방치해 두었던 문제가 시원스럽게 해결된다.

❖ 유난스럽게 매끄러운 미역국을 먹은 꿈은?

【해설】: 입시, 취직시험 등에 낙방하며 무슨 일을 하든 계획에 차질이 생기게 된다.

❖ 음식의 종류도 모르면서 닥치는대로 먹어치웠는데 그것이 태몽인 꿈은?

【해설】: 무슨 일을 맡겨도 시원스럽게 해결해 내는 능력을 가진 아이가 태어나게 된다.

❖ 남에게 음식을 대접한 꿈은?

【해설】: 남에게 부탁하거나 지시할 일이 생기며 자신의 뜻대로 일해 줄 사람을 얻게 된다.

❖ 세계 여러나라의 각료들이 모인 만찬회석상에 자신이 참석

❖ 소금이 넓은 들판에 산더미처럼 쌓여 있는 꿈은?

【해설】: 감히 상상할 수 없었던 큰 사업을 벌이게 되며 지금 사정이 원활치 않아 부채를 짊어지게 된다.

❖ 반찬거리가 부엌에 가득 쌓여 있는 꿈은?

【해설】: 사업을 정해 놓고도 자금이 없어 실행에 옮기지 못했으나 사업자금이 해결되게 된다.

❖ 여러 가지의 과자류가 그릇에 넘치도록 들어 있는 꿈은?

【해설】: 누가 보아도 고급스럽다고 할 만한 일거리를 맡게 되거나 진행중인 혼담이 성사된다.

❖ 정육점에서 고기를 사온 꿈은?

【해설】: 많은 액수의 금전거래를 계획했었으나 예상이 빗나가 적은 액수의 거래밖에 이루어지지 않는다.

❖ 파나 마늘 등을 샀는데 그것이 태몽인 꿈은?

【해설】: 태어난 아이가 성장하면 성직자나 교육자 등 정신적인 지도자가 된다.

❖ 애인과 함께 빙과류를 사먹은 꿈은?

【해설】: 미진하던 혼담이 급작스럽게 성사되고 상대방에 대해 갖고 있던 나쁜 감정이 해소된다.

❖ 집안 구석구석에서 식초냄새가 진동한 꿈은?

【해설】: 자기와 관견된 소문이 떠돌아다니게 되며 그 일로 인하여 많은 생각을 하게 된다.

❖ 우유가 들어있는 깡통이 공중에 둥둥 떠다니는 걸 본 꿈은?

【해설】: 자신의 실력을 세상에 널리 알릴 기회가 찾아온다.

❖ 고추를 원료로 해서 만든 음식을 먹은 꿈은?

【해설】: 활동적이고 추진력이 요망되는 직업을 얻게 된다.

천문관계의 꿈

❖ 하늘과 땅이 합치는 꿈은 ?

　【해설】: 만사가 형통하고 마음대로 된다.

❖ 하늘의 천사가 부르는 꿈은 ?

　【해설】: 길몽이다.

❖ 천사와 이야기를 나누는 꿈은 ?

　【해설】: 부귀를 얻는다.

❖ 하늘이 크게 열리는 꿈은 ?

　【해설】: 구설이 많고 뜻대로 안된다.

❖ 하늘에 올라가서 물건을 가져오는 꿈은 ?

　【해설】: 고관대작이 될 징조.

❖ 하늘로 날라 올라가는 꿈은 ?

　【해설】: 장차 부귀가 될 징조.

❖ 날개가 나서 하늘을 날아다니는 꿈은 ?

　【해설】: 관직을 얻어 출세한다.

❖ 일월이 몸에 비치는 꿈은 ?

【해설】: 관직을 얻는다.

❖ 해나 달이 이즈러져 보이는 꿈을 꾸면?

  【해설】: 반드시 투쟁하는 일이 생긴다.

❖ 일월이 서로 엇갈리는 꿈은?

  【해설】: 처첩이 잉태하거나 안산할 징조.

❖ 일월이 한꺼번에 나오는 꿈은?

  【해설】: 하인배가 주인을 속일 징조.

❖ 해나 달을 삼키는 꿈은?

  【해설】: 귀한 아들을 낳을 길몽.

❖ 달이 품안에 떨어지는 꿈은?

  【해설】: 귀한 딸을 낳을 징조.

❖ 일월을 안아보거나 젊어지는 꿈은?

  【해설】: 왕후 장상이 될 징조.

❖ 하늘이 장차 새벽이 되려고 점점 밝아오는 꿈은?

  【해설】: 수명 장수할 징조.

❖ 아침해가 돋아오르는 꿈은?

  【해설】: 자손이 번창하고 만사가 대길하다.

❖ 저녁 해가 서산에 걸린 꿈은?

  【해설】: 소송사건이 생긴다. 여자라면 여자아이를 낳는다.

❖ 하늘에서 광채가 비치며 온몸을 비쳐주는 꿈은?

  【해설】: 재앙이 없어지고 환자는 병이 낫는다.

❖ 햇빛이 침실에 조명하는 꿈은?

  【해설】: 재수가 있고 만약 임신부가 이 꿈을 꾸면 귀남자를 낳으며 장성하여 반드시 입신 양명한다.

❖ 오래 오던 비가 개이는 꿈은?

  【해설】: 백가지 근심이 없어진다.

❖ 날씨가 청명하고 개인 꿈을 꾸면?

  【해설】: 임신부는 귀자를 낳고 보통 사람은 운수가 좋아진다.

❖ 해가 중천에 올라와서 걸린 꿈은?

【해설】: 운수가 좋아지고 환자는 병을 낫는다.

❖ 하늘이 붉어 보이는 꿈은?

【해설】: 길하고 하늘이 검어 보이면 흉하다.

❖ 하늘이 무너지는 꿈은?

【해설】: 부모가 병으로 고생하거나 부모 상을 당하기 쉽다.

❖ 맑은 하늘 은하수에 씻는 꿈은?

【해설】: 태평한 세상에서 재미 볼 꿈.

❖ 하늘이나 지붕 위에 올라간 꿈은?

【해설】: 부귀를 얻는다.

❖ 하늘에 올라갔다 내려오는 꿈은?

【해설】: 영낙될 흉몽이고 또 하늘에서 갑자기 떨어지는 꿈은 불시에 재난을 당할 징조.

❖ 높은 산에서 떨어져 보이거나 또는 허공을 왔다 갔다 하는 꿈은?

【해설】: 남녀간은 물론 마음이 안정되지 않고 조심할 일이 많으며 반드시 불시에 손해를 본다.

❖ 하늘의 은하수를 건너는 꿈은?

【해설】: 모든 일이 뜻대로 된다.

❖ 우물 안에서 하늘을 내다 보는 꿈은?

【해설】: 빈곤할 징조.

❖ 하늘의 태양이 광채가 찬란하고 청천에 한점 구름도 없이 개보이는 꿈을 꾸면?

【해설】: 만사가 뜻대로 되고 모든 사람의 존경을 받는다.

❖ 해가 품안에 들어오는 꿈은?

【해설】: 반드시 출세할 귀자를 출생한다.

❖ 해가 떠올라서 광채 휘황해 보이는 꿈은?

【해설】: 재색이 구비한 아내를 맞는다.

❖ 덮인 구름이 열리고 햇볕이 나는 꿈은?

【해설】: 모든 일이 잘 되어가는 길몽.

❖ 구름이 햇빛을 가리는 꿈은?

【해설】: 구설을 만난다.

❖ 활을 쏘아 달을 맞추는 꿈은?

【해설】: 전쟁하는 꿈이니 싸우면 반드시 이기고 공격하면 반드시 점령한다.

❖ 일월을 향하여 절하는 꿈은?

【해설】: 만사가 잘 된다.

❖ 별이 떨어지는 꿈은?

【해설】: 병을 얻거나 소송 사건이 생긴다.

❖ 별과 달이 맑은 하늘에 휘황해 보이는 꿈은?

【해설】: 길몽이라 만사 뜻대로 된다. 부녀자는 부모나 남편이나 친척 사이에 조금 조심할 필요가 있다.

❖ 밝은 달이 하늘에 걸린 꿈은?

【해설】: 남녀가 다 좋으나 부녀자는 남편에게 복종하라. 아니면 부부간 싸우게 된다.

❖ 달의 그림자가 물에 드리워진 꿈은?

【해설】: 만사가 마음대로 되지 않고 또 혼담이 있다면 깨어진다.

❖ 별이 날으는 꿈은?

【해설】: 색정사건으로 도망치거나 정사하는 일이 있다.

❖ 별이 떨어지며 사방으로 흩어지는 꿈은?

【해설】: 매우 흉몽이다.

❖ 별이 흘러도 떨어지지 않은 꿈은?

【해설】: 관직이 옮겨지거나 혹 이삿수가 있다.

❖ 북극성이 흐려보이는 꿈은?

【해설】: 근심할 일이 많다.

❖ 북두칠성 아래 서는 꿈은?

【해설】: 출세할 징조이다.

❖ 바람이 옷을 불어 젖히는 꿈은?

【해설】 : 병이 생긴다.

❖ **폭풍이 마구 부는 꿈은?**

　　【해설】 : 돌림병에 걸리거나 매사가 마음대로 되지 않는다. 그
　　　　　　러나 급히 서두르면 성공할 수도 있다.

❖ **바람에 나무가 쓰러지는 꿈은?**

　　【해설】 : 계약이 성립되지 않고 바람이 줄어 집이 쓰러지는 꿈
　　　　　　은 재산이 탕진된다. 또한 간장의 병이 생긴다.

❖ **폭풍우가 몰아치는 꿈은?**

　　【해설】 : 누군가 죽을 징조이다.

❖ **바람에 날려 공중에 떠오르는 꿈은?**

　　【해설】 : 남에게 사기를 당한다.

❖ **안개가 자욱하고 구름이 밀려와서 사방이 어두워지는 꿈은**

　　【해설】 : 속히 서둘러 기회를 놓치지 않으면 이익이 있고 또
　　　　　　병이 나거나 실패할 수.

❖ **오색의 영롱한 구름이 사방에서 일어나는 꿈은?**

　　【해설】 : 상인은 이익을 보고 여자라면 주인을 갈아서 출세한다.
　　　　　　대개 오색 구름은 길몽이다.

❖ **구름을 보되 그 빛깔이 검고 푸른 것을 본 꿈은?**

　　【해설】 : 병난이 있고 흉하며 붉고 흰 구름은 소원성취한다.
　　　　　　단 봄철에는 청색이 나쁘지 않고 겨울에는 흑색이 나
　　　　　　쁘지 않다.

❖ **구름이 홀연 별을 가리는 꿈은?**

　　【해설】 : 반드시 해를 가할 자가 있는 징조.

❖ **운무가 온 몸을 감싸주는 꿈은?**

　　【해설】 : 대길하니 모든 일이 순조롭다.

❖ **붉은 구름이 산머리서 올라오는 꿈은?**

　　【해설】 : 은자나 출가한 스님에게 길한 일이었다.

❖ **누런 구름이 산 머리에서 올라오는 꿈은?**

　　【해설】 : 사철 어느 때라도 좋다.

❖ 우뢰소리가 사방에서 나는 꿈은?

【해설】 : 장사를 하면 큰 이득이 있다.

❖ 우뢰소리에 놀라는 꿈은?

【해설】 : 이사를 하면 좋다.

❖ 우뢰가 울리고 번개가 치는 꿈은?

【해설】 : 관리는 승급하고 상인은 장사가 잘 되며 학자는 이름을 날리게 된다.

❖ 번개를 보는 꿈은?

【해설】 : 만사가 순조로운 꿈이다. 혼담도 순순히 진전되고 부인은 임신하게 된다. 번갯불이 사람을 비치는 꿈도 역시 마찬가지다.

❖ 벼락을 맞는 꿈은?

【해설】 : 크게 부자가 되고 또 귀하게 된다.

❖ 벼락이 가까이 떨어지는 꿈은?

【해설】 : 불길하나 야밤 도주할 징조이며 자기집에 떨어지면 재앙이 온다. 벼락꿈은 자기 몸에 맞아야만 길몽이다.

❖ 눈이 오거나 비가 오는 꿈은?

【해설】 : 입신 양명하고 횡재수가 있다. 다만 보슬비는 장사에 불리하다.

❖ 음산한 눈이 올 때 사방이 캄캄하게 되는 꿈은?

【해설】 : 불길하고 장마비가 그치지 않고 오는 것은 역시 병이 걸리거나 해서 불길하다.

❖ 길가다 비를 만나는 꿈은?

【해설】 : 술이 생긴다.

❖ 비를 만났는데 우산이 없는 꿈은?

【해설】 : 이사할 징조.

❖ 무지개를 보는 꿈은?

【해설】 : 기회를 놓치지 말고 요령있게 하면 성사되고 늦으면

아무런 효과도 없다.

❖ **붉은 무지개가 보이는 꿈은?**

【해설】 : 길하고 검은 무지개는 흉하다.

❖ **싸락 눈과 우박이 오는 꿈은?**

【해설】 : 모든 일이 잘 진전되지 않고 고생을 한다. 다만 집위
에 우박이 쏟아지는 꿈은 아들을 낳는다.

❖ **이슬이 내리고 서리가 내리는 꿈은?**

【해설】 : 모든 일이 잘 되지 않는다.

❖ **눈이 와서 온몸을 덮은 꿈은?**

【해설】 : 만사가 순조로울 징조이며 또한 붉은 눈은 수명이 불
화하기 쉬우니 조심해야 한다.

❖ **마당과 뜰에 눈이 쌓인 꿈은?**

【해설】 : 우환이나 상사가 있을 징조이니 조심하라.

꽃·나무의 꿈

❖ **화초를 남에게 나누어 주는 꿈은?**

　【해설】: 집안 재산이 흩어진다.

❖ **수목이 말라죽는 꿈은?**

　【해설】: 집안이 불편해진다. 잎이 떨어진 나무도 보면 역시
　　　　　나쁘다. 잎사귀가 무성한 각종 나무에 꽃이 피워 만
　　　　　발한 꿈은 대길하다.

❖ **수목이 지붕위에 떨어져 보이는 꿈은?**

　【해설】: 대단히 길하며 재물이 생기고 운수가 대통한다.

❖ **큰 나무가 흘연 부러지는 꿈은?**

　【해설】: 대흉이고 사람이 죽게 된다.

❖ **큰 나무에 올라가 보는 꿈은?**

　【해설】: 지위가 오르고 출세할 징조이다. 나무에서 떨어지거
　　　　　나 부상당하여 보이면 반대로 불길하다.

❖ **마른 나무에 꽃이 피는 꿈은?**

　【해설】: 자손이 번창해진다.

❖ 나무를 심는 꿈은?

【해설】 : 대길하다.

❖ 숲 가운데 나무가 난 꿈은?

【해설】 : 귀자를 얻는다.

❖ 집안 문중에 있는 나무가 열매를 맺는 꿈은?

【해설】 : 귀한 자식을 얻는다.

❖ 소나무, 대나무 등이 울창해 보이는 꿈은?

【해설】 : 만사 형통하다.

❖ 집 가운데 잣나무나 소나무 같은 상록수가 나 보이는 꿈은?

【해설】 : 크게 길하다. 또 운수가 대통하다.

❖ 떡갈나무 등이 번창하고 높이 솟아 보이는 꿈은?

【해설】 : 만사가 번창하게 된다.

❖ 월계수를 보는 꿈은?

【해설】 : 반드시 기쁜 경사가 있고 기혼자이면 처가의 유산을 얻게 된다.

❖ 뜰 앞에 대나무가 난 꿈은?

【해설】 : 대길하고 만사가 유리하다.

❖ 단풍나무가 지붕 위에 나 보이는 꿈은?

【해설】 : 만사가 잘된다.

❖ 느티나무를 본 꿈은?

【해설】 : 다투는 일이 생긴다.

❖ 큰 나무를 짊어지는 꿈은?

【해설】 : 재물을 얻는다.

❖ 나무 위에 난초가 나 보이는 꿈은?

【해설】 : 자손이 번창한다.

❖ 오이 넝쿨에 오이가 열려 있는 꿈은?

【해설】 : 아내에게 나쁜 일이 생긴다.

❖ 과실이 많이 열려 있는 나무 사이를 산책하는 꿈은?

【해설】 : 재물이 생긴다.

❖ 대추 배 과일 등이 많이 익어 보이는 꿈은?
 【해설】: 자손이 번창한다.
❖ 매화꽃이 만발한 꿈은?
 【해설】: 집안 명성이 멀리 알려지고 매화나무 열매가 열리면
 귀자를 낳는다. 또한 홍매를 꺾으면 귀인을 만나서
 운이 열리고 백매가 우거진 나무사이로 걸어 들어가
 보면 여난이 있고 여자로 인하여 고생하게 된다.
❖ 과일이 많이 열린 과수원 사이를 산책하는 꿈은?
 【해설】: 재물을 얻는다.
❖ 뽕나무가 울창한 것을 보는 꿈은?
 【해설】: 자손이 번창하며 뽕나무 잎이 떨어져 보이면 모든 일
 이 잘 되지 않는다.
❖ 뽕나무가 문 앞 층계에 나는 꿈은?
 【해설】: 만사가 흉하다.
❖ 밤을 보는 꿈은?
 【해설】: 친한 사람과 이별을 하거나 먼 길을 가게 된다.
❖ 죽순을 꺾어가지고 집으로 돌아와 보이는 꿈은?
 【해설】: 아내가 아들을 낳게 된다.
❖ 감자 따위를 보는 꿈은?
 【해설】: 귀자를 얻는다. 만일 타인에게 주연 금전으로 고생하
 게 된다.
❖ 숲속에 앉거나 누웠거나 하는 꿈은?
 【해설】: 병이 완쾌되는 징조
❖ 산 위에서 낚시질을 하는 꿈은?
 【해설】: 만사가 잘 되지 않는다.
❖ 숲이 무성 울창해 보이는 꿈은?
 【해설】: 매사가 순조롭게 된다.
❖ 연못 가운데 연꽃이 피어있는 꿈은?
 【해설】: 귀자를 낳고 만약 연꽃을 심는다면 남의 질투를 받는

다.

❖ **씨앗을 뿌리는 꿈은?**
　【해설】 : 남에게 원성을 듣기 쉬운 징조이니 부디 남과 언쟁을
　　　　　 하거나 성질을 내지 말고 될 수 있는대로 마음을 순
　　　　　 하게 쓰면 화가 변해서 복이 된다.

❖ **꽃을 꺾는 꿈은?**
　【해설】 : 조속하게 해야만 이익이 있고 늦어지면 실패한다. 대
　　　　　 개 꽃의 꿈은 모든 일에 특히 주고 받는 일에 대하여
　　　　　 속히 하는 것이 이익이 있다. 그러나 조화는 별 문제
　　　　　 이다.

❖ **나뭇가지를 꺾거나 바람이 불어 잎사귀가 떨어지는 꿈은?**
　【해설】 : 부부 이별하고 형제 흩어질 징조이니 조심하라.

❖ **나무에 과일이 주렁주렁 달린 것을 보는 꿈은?**
　【해설】 : 재운이 대통하고 만사가 뜻대로 된다.

❖ **나무를 심거나 키워보는 꿈은?**
　【해설】 : 천천히 해야 성공하고 급히 서둘러서는 안된다.

❖ **수목이 단풍으로 변한 꿈은?**
　【해설】 : 매사에 경솔히 하지 말고 신중을 기하라. 그러면 전
　　　　　 화위복 하게 된다.

❖ **집안에 소나무 대나무 등이 무성해 보이는 꿈은?**
　【해설】 : 자손이 번창하고 더욱 그 자손의 장래가 좋을 것이다.
　　　　　 반대로 소나무가 마르고 대나무 잎이 떨어져 보이면
　　　　　 집안이 망하고 운수가 기울어진다.

❖ **죽순이 성장하는 것을 보는 꿈은?**
　【해설】 : 길하며 머지않아, 입신 출세할 것이오. 자손이 번창
　　　　　 할 것이다. 다만 지금 끝내지 못한 일을 속히 끝을
　　　　　 맺는 것이 좋게 된다.

❖ **넝쿨식물(호박, 참외)등 또는 버섯 등속을 보는 꿈은?**
　【해설】 : 손댄 일을 속히 끝내는 것이 좋다. 산에서 나물을 캐

오는 것도 이와 마찬가지이다.

❖ **넓은 들판에 큰 나무가 우뚝 홀로 서 있는 것을 보는 꿈은?**

【해설】 : 사업하는데 고독하고 근심이 많을 징조이고 만일 이 나무에 올라가면 구설수가 곧 생긴다.

❖ **삼밭이 무성하여 마치 숲과 같이 보이는 꿈은?**

【해설】 : 만사 뜻대로 이루어지고 큰 복이 찾아온다.

❖ **삼대가 소리를 내는 꿈은?**

【해설】 : 병과 근심이 찾아온다.

❖ **집마당에 꽃이 만발한 꿈은?**

【해설】 : 여러가지로 좋은 일이 겹쳐서 경사스럽다.

❖ **만발한 꽃나무 아래를 걷는 꿈은?**

【해설】 : 성과, 대화, 독서 등으로 자신에게 도움이 되는 일이 있다.

❖ **꽃을 꺾어 든 꿈은?**

【해설】 : 이것이 태몽이라면 사회적으로 자수성가할 자손을 얻는다.

❖ **만발한 꽃을 한꺼번에 꺾어 놓은 꿈은?**

【해설】 : 업적, 성과, 수집 등을 나타낸다.

❖ **예식장이 온통 화환으로 장식된 단체나 집단에서 자신의 성실함을 인정 받는다.**

❖ **들꽃이 만발한 것을 본 꿈은?**

【해설】 : 어떤 기관, 사업장 등에서 자신을 인정해 준다.

❖ **꽃 속에 자기가 파묻혀 있는 꿈은?**

【해설】 : 좋은 사람을 만나거나 행복한 결혼 생활을 한다.

❖ **스님이 옥반에 어사화를 담아 준 꿈은?**

【해설】 : 사회 기관, 학원 등에서 자신을 인정해 준다.

❖ **꽃을 보거나 꺾은 장소가 유난히 돋보였던 꿈은?**

【해설】 : 이것이 태몽이라면 사회적으로 기반을 튼튼히 잡을 자손을 얻는다.

❖ 영적인 존재가 꽃다발을 안겨준 꿈은?
【해설】: 어떤 기관에서 자신을 인정해 주거나 미혼자는 결혼이 성립된다.

❖ 꽃송이에서 아름다운 소녀가 나와 하늘로 사라져 버린 꿈은?
【해설】: 감명 깊은 서적을 읽거나 일이 성사된다.

❖ 꽃이 시든 꿈은?
【해설】: 생명의 단절, 질병, 사업의 실패 등을 나타낸다.

❖ 험한 산에 꽃이 만발한 꿈은?
【해설】: 국가나 사회적인 일로 자신을 내세운다.

❖ 낙엽을 긁어 모으는 꿈은?
【해설】: 어려운 고비를 겪고 난 다음에 일이 성사된다.

❖ 높은 나무에 앉아 있는 새 꿈은?
【해설】: 미혼자는 혼담이 오고간다.

❖ 나뭇가지에 매달려 물을 건너가다 뛰어오른 꿈은?
【해설】: 어려운 일을 남을 통해서 극복해 나간다.

❖ 정원에 나무를 옮겨다 심는 꿈은?
【해설】: 자리를 옮기거나 좋은 사람을 만난다.

❖ 큰 나무를 자기 집에 옮겨다 심으려고 하는 꿈은?
【해설】: 훌륭한 인재를 얻거나 단체에서 주도권을 잡게 된다.

❖ 소나무가지에 무궁화꽃이 핀 꿈은?
【해설】: 사랑의 애정 문제로 번뇌하게 된다.

❖ 강 한가운데 나무가 우뚝 서 있는 꿈은?
【해설】: 중개자를 통해서 자신의 사업이 이루어진다.

❖ 쓰러지려는 나무를 버팀목으로 바쳐놓은 꿈은?
【해설】: 어려운 난관에 부딪혀도 잘 참아낸다.

❖ 죽은 나무가 되살아나는 꿈은?
【해설】: 타격을 받았던 일이 다시 활기를 되찾는다.

❖ 버들가지가 늘어진 것을 스케치 한 꿈은?
【해설】: 외로운 사람을 만나 이야기를 주고 받는다.

❖ 나무뿌리나 풀뿌리를 잡고 일어서는 꿈은?

【해설】: 도움을 받을 사람을 찾아서 어려운 고비를 넘긴다.

❖ 방바닥에 뿌리를 박은 거목이 지붕을 뚫고 나오는 꿈은?

【해설】: 사회적인 이목을 한몸에 받는다.

❖ 노송 밑에 동물이 있는 꿈은?

【해설】: 이것이 태몽이라면 공공단체의 지도자가 되거나 성실한 사람이 된다.

❖ 거목이 기울거나 가지가 뻗어 나온 꿈은?

【해설】: 협조자가 나타나 자신을 도와주거나 사업체를 운영할 권리가 주어진다.

❖ 우거진 숲속에 나무 한 그루가 말라 죽는 꿈은?

【해설】: 사업의 부진, 질병 등으로 고생하게 된다.

❖ 타인이 자기 집에 낙엽 한 짐을 짊어지고 온 꿈은?

【해설】: 자기에게 자본을 댈 사람이 생긴다.

❖ 여성이 버들가지를 꺾어 든 꿈은?

【해설】: 떠돌아 다니는 사람을 만나게 된다.

❖ 뽕나무 열매를 따 가진 꿈은?

【해설】: 성교, 입학, 계약, 잉태 등이 이루어진다.

❖ 복숭아나 살구꽃이 만발한 곳을 걷는 꿈은?

【해설】: 자신을 내세우거나 남녀가 관계를 맺는다.

❖ 밤알을 벅찰 정도로 많이 가져온 꿈은?

【해설】: 이것이 태몽이라면 부귀 영화를 누릴 자손을 얻는다.

❖ 붉게 익은 사과 여러개를 따온 꿈은?

【해설】: 여러가지 일에 종사해서 성과를 얻는다.

❖ 과일을 통채로 삼킨 꿈은?

【해설】: 권리, 명예 등을 얻는다.

❖ 꽃이 달린 채 떨어진 풋감을 주워 담는 꿈은?

【해설】: 연구 자료를 수집하거나 자본을 구하게 된다.

무덤과 관의 꿈

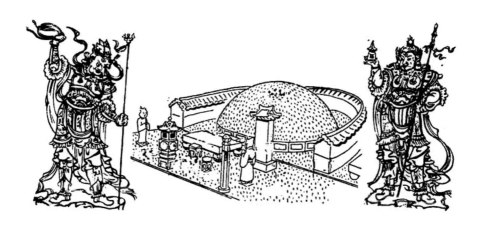

❖ **무덤이 크고 높은 것을 보는 꿈은?**

　【해설】: 만사가 대길하고 재수가 대통하게 된다.

❖ **무덤 위에 구름이 일어나는 꿈은?**

　【해설】: 대길하며 운수대통 한다.

❖ **무덤이 밝아 보이는 꿈은?**

　【해설】: 길하고 어두면 흉하다.

❖ **무덤속에서 관이 저절로 나오는 꿈은?**

　【해설】: 재운이 대통하다.

❖ **무덤이 절로 갈라지거나 무덤 문이 절로 열리는 꿈은?**

　【해설】: 백사가 대길하게 된다.

❖ **무덤 위에 꽃이 피는 꿈은?**

　【해설】: 안될 일도 잘되고 만사 운수대통 한다. 집안에 임신
　　　　　부가 있다면 귀자를 낳는다.

❖ **무덤 위에 불길이 일어나는 꿈은?**

　【해설】: 재운이 대통한다.

82

❖ 무덤에 창문이 나 있는 꿈은?

【해설】 : 대길하며 만사여의 하고 대통하게 된다.

❖ 관속에 넣어둔 시체를 얻는 꿈은?

【해설】 : 큰 재물을 얻는다.

❖ 나나 남이 살은 채로 관속에 들어가는 꿈은?

【해설】 : 서로 다투고 송사가 생기게 된다.

❖ 관나무를 보는 꿈은?

【해설】 : 재물을 얻는다.

❖ 죽은 사람이 관에서 나오는 꿈은?

【해설】 : 의외의 손님이 온다.

❖ 시체가 몹시 썩어 그 냄새가 고약한 꿈은?

【해설】 : 반드시 재물을 얻는다.

❖ 무덤에 밝은 햇살이 비친 꿈은?

【해설】 : 사업을 시작하게 되거나 혼담이 성사되고 직장인은 진급을 하게 된다.

❖ 무덤에서 사람의 손이 나와 손짓을 한 꿈은?

【해설】 : 빚쟁이에게 빚 독촉을 받아 심하게 시달리게 된다.

❖ 무덤이 반쪽으로 갈라진 꿈은?

【해설】 : 시험에 합격하거나 취직을 하게 되며 잘 풀리지 않던 일이 속시원히 풀어지게 된다.

❖ 바로 윗대(아버지 계열)의 무덤이 즐비하게 늘어서 있는 것을 본 꿈은?

【해설】 : 거래회사에 근무하는 직원에게서 많은 협조를 받게 된다.

❖ 오래 된 무덤 옆에 집을 짓거나 선조의 묘자리를 잡은 꿈은?

【해설】 : 회사에서 전근발령을 받게 되거나 오래 된 고옥으로 이사를 하게 된다.

❖ 무덤 앞에 서있는 망주석을 본 꿈은?

【해설】: 사업상 직접 거래를 하지 못하고 중개인을 내세
워야 할 일이 생기게 된다.

❖ 관을 넣고 무덤을 만드는 광경을 본 꿈은?

【해설】: 중요한 물건을 보관할 금고 등을 사들이거나 자
기 혼자만의 비밀로 간직해야 할 일이 생기게
된다.

❖ 묘자리를 선정한 꿈은?

【해설】: 생활에 안정이 되는 일을 찾게 되고 많은 재물
을 얻을 수 있는 일거리를 맡게 된다.

❖ 비석에 새겨져 있는 비문을 자세히 들여다보고 읽은 꿈
은?

【해설】: 외국 서석을 번역할 일거리를 얻거나 회고록 등
의 원고 청탁을 받게 된다.

❖ 무덤의 둘레가 유난히 길다고 생각됐던 꿈은?

【해설】: 뒷배경이 든든한 사람을 만나 사업상의 일을 의
논하게 된다.

❖ 무덤 옆에 아담한 정자가 있는 것을 봤는데 그것이 태몽인
꿈은?

【해설】: 명성을 온 세상에 퍼뜨린 유명인이 태어나게 된
다.

❖ 무덤의 한 곳에서 빨간 피가 철철 흐르는 것을 본 꿈은?

【해설】: 은행의 융자들을 통해 금전적인 도움을 받거나
종교적으로 정신적인 안정감을 얻게 된다.

❖ 무덤에 붙은 불이 꺼지지 않고 자꾸 번지기만 한 꿈은?

【해설】: 자기가 행한 일들이 어떤 수단이 됐든 소문이
나게 되며 그 소문으로 말미암아 많은 협조자가
줄을 잇게 된다.

❖ 공동묘지가 있던 자리에 집을 지은 꿈은?

【해설】 : 구세대의 아성이 무너지고 젊은 세대의 힘이 어떤 단체를 장악하게 되거나 새로운 일거리가 생겨 옛 일을 소홀해지게 된다.

❖ 부고를 받은 꿈은?

【해설】 : 서류상으로 어떤 통지나 편지를 받게 된다.

❖ 확실하지는 않지만 누군가가 죽었다는 생각이 든 꿈은?

【해설】 : 자신과 연결돼 있는 어떤 일이 이루어지게 된다.

❖ 막연하게 누가 죽게 될 것이라는 생각을 가졌던 꿈은?

【해설】 : 전혀 기대하지 않았던 일이 이루어지고 미궁에 빠졌던 일의 실마리가 풀리게 된다.

❖ 부모상을 당하고 대성통곡을 한 꿈은?

【해설】 : 정신적인 안정과 물질적인 부를 누리게 되고 계획했던 일을 착수하게 된다.

❖ 죽은 사람의 소지품이나 유서 등 그와 관련된 물건이 자기에게 배달된 꿈은?

【해설】 : 자신이 TV, 라디오 등에 출연하게 되거나 매스컴을 타게 된다.

❖ 사람이나 짐승 등 움직이는 생명체가 죽은 꿈은?

【해설】 : 자신이 없었던 일, 꺼려했던 일이 잘 해결된다.

❖ 자기가 죽은 사람의 영혼이란 생각이 들었던 꿈은?

【해설】 : 물질적인 만족감을 얻지 못하나 정신적으로 큰 만족감을 맛볼 일을 처리하게 된다.

❖ 심하게 썩는 송장냄새를 맡은 꿈은?

【해설】 : 사람들의 입에 오르내릴 만큼 많은 재물을 얻게 된다.

❖ 싸늘하게 식은 시체를 밖으로 내다 버린 꿈은?

【해설】 : 힘들게 얻은 재물을 잃어버리게 되거나 명예가 땅에 떨어질 일이 생긴다.

❖ 죽은 사람의 몸에서 소지품을 꺼내 자기가 가진 꿈은?

【해설】: 어떤 일을 하든 충분한 댓가를 받게 되며 하는 일마다 번창한다.

❖ **시체가 정확한 발으므로 말을 한 꿈은?**

【해설】: 현상공모에 응모한 작품이 입상했다는 소식을 듣게 된다.

❖ **시체를 공동묘지에 묻은 꿈은?**

【해설】: 사회사업에 참여하라는 부탁을 받고 얼마간의 돈을 기부할 일이 생긴다.

❖ **직계가족이나 가까운 친척이 사망하자 몹시 슬프게 울었던 꿈은?**

【해설】: 온 심혈을 기울여 완성해 놓은 일을 되새기거나 작품을 감상하며 흐뭇해 할 일이 생긴다.

❖ **시체를 운반하는 사람들을 본 꿈은?**

【해설】: 자기에게 돌아가리라고 예상했던 일거리를 다른 사람이 가로채 가거나 일은 자기가 하고 칭찬은 다른 사람이 받는 일 등, 그와 흡사한 일을 당하게 된다.

❖ **시체에 하얀 구더기가 우글거리는 꿈은?**

【해설】: 벌여놓고 있는 사업이 성공을 거두어 많은 돈을 벌게 된다.

❖ **사람들의 왕래가 많은 큰 길에 시체를 내놓은 꿈은?**

【해설】: 남의 공을 자기 것인양 즐거운 마음으로 떠들어 댈 일이 생긴다.

❖ **한사람이 죽기도 하고 살아 있기도 하여 쌍둥이처럼 나란히 있는 꿈은?**

【해설】: 동업을 했다 헤어졌던 사람이 나타나 심적부담을 주게 된다.

❖ **죽은 윗사람의 시체 앞에서 예를 갖추어 다소곳이 서 있는 꿈은?**

【해설】 : 조상으로부터 유산을 상속받거나 승진을 하게
　　　　된다.

❖ **시체가 물에 불어 몹시 커져서 자꾸만 뒤를 쫓아온 꿈은?**

【해설】 : 하는 사업이 도산을 해 많은 빚을 짊어지게 되
　　　　고 채권자들을 피해다니게 된다.

❖ **죽은 사람이 다시 살아난 꿈은?**

【해설】 : 성공 직전까지 간 일이 한순간에 수포로 돌아가
　　　　고 발전하던 사업도 원점으로 돌아오게 된다.

❖ **슬피 울면서 시체에 절을 한 꿈은?**

【해설】 : 유산을 상속받을 일이 생긴다.

❖ **시체가 담긴 관이 포장도 되지 않은 채 마당에 놓여 있는
꿈은?**

【해설】 : 사업을 하던 도중에 어떤 일이 잘 풀려서 목돈
　　　　이 들어오게 된다.

❖ **시체를 화장하는 그 불길이 유난히 거센 꿈은?**

【해설】 : 사업이 나날이 발전하게 되고 하는 일마다 성공
　　　　을 거두게 된다.

❖ **뚜껑이 열린 관 속에 시체가 들어있는 꿈은?**

【해설】 : 어떤 일을 했을 때 좋은 성과를 얻거나 값비싼
　　　　물건을 관리할 일이 생긴다.

❖ **시체에서 피가 나와 목욕탕의 욕조에 가득 고인 꿈은?**

【해설】 : 자기가 발표한 의견이나 작품이 사람들에게 감
　　　　명을 주거나 자신으로 인하여 획기적인 일이 일
　　　　어나게 된다.

❖ **시체 때문에 도망쳤던 꿈은?**

【해설】 : 재물이 생길 기회가 있으나 성사되지 않으며 무
　　　　슨 일을 하든 좋은 결과가 나타나지 않는다.

❖ **집에 초상이 난 꿈은?**

【해설】 : 직장이나 자기와 관련된 사업장에서 평소 생각

했던 문제가 이루어진다.

❖ **조상에게 제사를 지낸 꿈은?**

【해설】 : 권력층 사람이나 자기보다 윗사람에게 부탁할
일이 생기게 된다.

❖ **초상집에 조의금을 낸 꿈은?**

【해설】 : 자기의 사업과 관계된 기관에 청탁할 일이 생기
게 된다.

❖ **혼사가 며칠 앞으로 다가왔는데 상대편 초상이 난 꿈은?**

【해설】 : 결혼식이 연기되거나 아니면 취소되는 등 확실
한 결말을 보게 된다.

❖ **조상의 묘에 성묘를 한 꿈은?**

【해설】 : 자기를 도와주려는 사람이나 평소 가깝게 지내
던 사람에게 부탁할 일이 생긴다.

❖ **상여가 나가는데 많은 만장이 만국기처럼 펄럭이고 조객이
헤아릴 수 없이 많았는데 그것이 태몽인 꿈은?**

【해설】 : 훌륭한 사람이 되어 사회에 이바지 한 일이 많
아서 그가 죽은 뒤에도 그 이름이 사람들의 입
에 오르내릴 만한 인물이 태어나게 된다.

❖ **제사상에 직접 술을 따루어 올린 꿈은?**

【해설】 : 개인의 힘으로는 도저히 해결할 수 없었던 일을
정부의 도움으로 해결하게 된다.

❖ **남의 집에 초상난 것을 본 꿈은?**

【해설】 : 꿈 속의 초상집에 애사나 경사가 일어나 많은
사람이 모이게 된다.

❖ **집에 초상이 나서 울음소리가 천지를 진동할 정도인데 상
여를 들여온 꿈은?**

【해설】 : 먼곳까지 소문이 날 정도로 사업이 번창하거나
좋은 일이 생기게 된다.

소지품·거울의 꿈

❖ **거울이 밝은 꿈은?**
【해설】 : 길하고 어두면 흉하다.

❖ **거울을 보는 꿈은?**
【해설】 : 길하다. 그러나 다만 거울이 흐릴 때에는 가슴과 배의 병이 생기고 사기당하거나 질투를 받게 된다.

❖ **거울이 깨지는 꿈은?**
【해설】 : 부부가 이별할 수다. 또한 집안에 불행이 찾아온다.

❖ **거울로 자기 얼굴을 보는 꿈은?**
【해설】 : 먼곳 친구가 온다.

❖ **거울을 줍는 꿈은?**
【해설】 : 좋은 아내를 만난다.

❖ **남이 나에게 거울을 주는 꿈은?**
【해설】 : 귀자를 낳는다.

❖ **남이 거울을 희롱하는 꿈은?**
【해설】 : 처첩이 외간 남자와 간통하는 일이 생기니 조심해야

한다.

❖ 황금으로 만든 비녀와 빗을 보는 꿈은?

【해설】 : 애첩이 생길 징조

❖ 금비녀 또는 황금 장식 등이 요동해 보이는 꿈은?

【해설】 : 먼 길을 가게 된다.

❖ 비녀를 사는 꿈은?

【해설】 : 처첩을 얻고 비녀를 떨어뜨리거나 잃으면 먼 여행을
하게 된다.

❖ 빗을 보는 꿈은?

【해설】 : 길하며 소원성취하고 빗이 꺾어지면 부부이별.

❖ 거울이 떨어지거나 저절로 깨진 꿈은?

【해설】 : 가깝게 지내던 사람과 멀어지게 된다.

❖ 거울 속에 비친 자신의 얼굴이 예뻐 보인 꿈은?

【해설】 : 젊고 예쁜 여자를 만나게 된다.

❖ 사랑하는 사람이 화장품을 사준 꿈은?

【해설】 : 상대방이 선물을 주거나 애정의 표시를 한다.

❖ 거울에 아무것도 비쳐지지 않는 꿈은?

【해설】 : 먼 곳에서 반가운 소식이 온다.

❖ 빗으로 머리를 손질하는 꿈은?

【해설】 : 병을 치료하는 방법을 알게 된다.

❖ 여러 종류의 화장품을 놓고 화장을 하는 꿈은?

【해설】 : 주변에 변화를 주거나 자신이 돋보이는 일이 있다.

❖ 거울을 선물 받은 꿈은?

【해설】 : 이것이 태몽이라면 지식이 많고 사교술에 능한 자손
을 얻는다.

❖ 안경 쓴 사람과 마주 본 꿈은?

【해설】 : 상대방이 자기에 관해서 여러모로 알려고 한다.

❖ 여자가 수건을 쓰고 앉아 있는 것을 본 꿈은?

【해설】 : 자기의 주장을 다른 사람이 받아주지 않는다.

❖ 상아로 된 파이프를 가지고 있는 꿈은 ?

【해설】 : 사회적으로 인정을 받거나 좋은 작품을 쓴다.

❖ 쌍지팡이를 짚고 걷는 꿈은 ?

【해설】 : 동업자와의 일이 잘 해결된다.

❖ 무거운 책가방을 방에다 놓고 나온 꿈은 ?

【해설】 : 근심 걱정이 해소된다.

❖ 시계를 선물받은 꿈은 ?

【해설】 : 동업자, 재물, 직장 등을 얻는다.

❖ 망원경을 통해 무언가를 보려다 육안으로 본 꿈은 ?

【해설】 : 남을 통해서 일을 하지 않고 직접 나가서 일을 처리
한다.

❖ 라이터를 남에게 준 꿈은 ?

【해설】 : 하고 싶은 일이 뜻대로 이루어지지 않는다.

❖ 남이 준 손수건을 받은 꿈은 ?

【해설】 : 남의 고용인이 되거나 도움을 받고 그의 뜻에 동조한
다.

❖ 승리라고 쓴 수건을 머리에 동여맨 꿈은 ?

【해설】 : 정신적으로 어려운 문제에 부짖히지만 잘 극복해 나
간다.

❖ 재떨이를 얻은 꿈은 ?

【해설】 : 이것이 태몽이라면 카운셀러나 경리 등에 관계된 직
업을 가진 자손을 얻는다.

❖ 담배대를 새로 산 꿈은 ?

【해설】 : 직장이 알선되거나 사업을 시작한다.

❖ 신분증을 제시하고 검문소를 통과한 꿈은 ?

【해설】 : 증명서를 남에게 보여 주거나 정신적, 육체적 고통에
서 해방된다.

❖ 미혼녀가 재떨이를 얻은 꿈은 ?

【해설】 : 자신을 잘 이해해주고 어려운 일을 같이 풀어나갈 남
성을 만난다.

❖ 지갑에 지폐가 가득 들어 있는 꿈은?

　【해설】: 여러 방면으로 만족할만한 재물이 생긴다.

❖ 담배를 상대방에게 준 꿈은?

　【해설】: 상대방의 소원을 충족시켜 주므로 자기에게 손실이
　　　　　온다.

❖ 지팡이의 형태가 갑자기 변한 꿈은?

　【해설】: 권력, 지휘능력 등이 확장됨을 나타낸다.

❖ 여러 사람들이 수건을 동여매고 뛰는 것을 본 꿈은?

　【해설】: 남의 명령에 굴복하고 자기 주장을 내세우는 사람을
　　　　　접하게 된다.

❖ 가방 속에 문서가 수북이 쌓은 꿈은?

　【해설】: 하고 있는 일이 계획대로 잘 추진된다.

❖ 선글라스를 낀 사람을 본 꿈은?

　【해설】: 이중인격을 나타내는 사람과 접하게 된다.

❖ 얼굴을 접수계에 내밀고 들어가게 해달라고 한 꿈은?

　【해설】: 신상카드를 어느 기관에 제출하고 결과가 나오기를
　　　　　기다린다.

❖ 수건을 어깨에 둘렀는데 그 자락이 손까지 처져있는 꿈은?

　【해설】: 많은 사람들이 자신의 직업을 인정해 준다.

❖ 심지, 휘발유, 라이터의 돌 중 어느 한가지라도 없어서 불을 켜지 못했던 꿈은?

　【해설】: 남에게 부탁을 하지만 상대방이 들어주지 않았다.

❖ 멀리서 기다리는 사람이 오는 걸 본 꿈은?

　【해설】: 어떤 일을 시작하는데 상당한 시일이 걸린다.

❖ 완연한 봄이라고 느낀 꿈은?

　【해설】: 어떤 일의 시작, 애정의 표현, 평화의 상징 등을 나
　　　　　타낸다.

❖ 그 해에 성사되지 않는 일의 꿈은?

　【해설】: 어떤 일의 전망과 성사 여부가 쉽게 결정나지 않는다.

❖ 도둑이 이웃집으로 들어간 것을 본 꿈은?

【해설】 : 도둑을 잡거나 신문기사를 읽게 된다.

❖ 무엇에 물건이 가리워졌다가 다시 나타난 꿈은?

【해설】 : 형태는 같아도 서로 성격이 다른 일에 관련된다.

❖ 늘어진 줄을 감지못한 꿈은?

【해설】 : 상당한 시일의 경과를 나타낸다.

❖ 유리창 너머나 담너머로 일을 본 꿈은?

【해설】 : 먼훗날이나 가까운 장래의 일을 나타낸다.

❖ 하던 일을 외면하거나 다른 장면으로 바뀐 꿈은?

【해설】 : 어떤 일이 상당한 시일의 경과를 뜻한다.

❖ 여러가지 색깔이 혼합된 꿈은?

【해설】 : 여러가지 일을 다재다능하게 이끌어 나간다.

❖ 가장 인상깊게 남을 수 있는 색채의 꿈은?

【해설】 : 꽃이나 동물, 황금빛 광선 등을 일반적으로 나타낸다.

❖ 꿈 속에 표현된 물건 색깔의 꿈은?

【해설】 : 각별한 상징적 이미지를 나타내기 위해서 표상된 것
이다.

❖ 상대방이 정면으로 걸어온 꿈은?

【해설】 : 상대방과의 의견 대립으로 말다툼이 있으며 일에 대
한 방해가 생긴다.

❖ 동녘에서 해가 뜬 꿈은?

【해설】 : 일을 정상적으로 밟아가면서 시작한다.

❖ 서쪽에서 동쪽으로 새가 날으는 꿈은?

【해설】 : 어떤 방향을 나타내는 것이 아니라 일의 시발점을 나
타낸다.

❖ 황량한 벌판을 바라보고 있을 때 전방이 북이라고 생각된 꿈
은?

【해설】 : 자기가 현재 거처하는 곳이 북쪽과 관련이 있다.

❖ 사거리에서 갈피를 못잡고 망설인 꿈은?

【해설】 : 어떤 일에 대한 갈림길에 서 있음을 뜻한다.

광물·보석·보물의 꿈

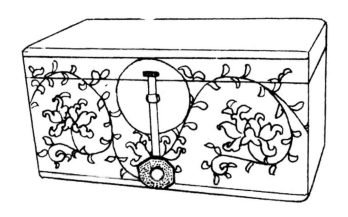

❖ 금은 보배 등속을 취급해 보는 꿈은?

　【해설】: 크게 부귀하고 번창할 징조이다.

❖ 금은 으로 냄비를 만드는 꿈은?

　【해설】: 부자가 될 징조이다.

❖ 금이나 옥으로 만든 빗을 얻는 꿈은?

　【해설】: 귀한 자식을 낳는다.

❖ 꿈에 구슬을 취급해 보는 꿈은?

　【해설】: 행운이 오고 재수가 좋다. 다만 경솔히 취급하면 실
　　　　　패하는 수가 있으니 신중히 취급하라.

❖ 입으로 보석을 토하는 꿈은?

　【해설】: 큰 은혜를 받는다.

❖ 보옥이 산같이 쌓인 꿈은?

　【해설】: 흉하며 매사에 실패하기 쉽다.

　❖ 주옥이 품 안에 가득해 보이는 꿈은?

　【해설】: 역시 흉몽이며 가산이 없어지기 쉬운 것이다.

❖ 집안 재물을 나누는 꿈은 ?

【해설】 : 친척이 서로 흩어질 징조

❖ 사람에게 전곡을 반환하는 꿈은 ?

【해설】 : 병이 생긴다.

❖ 납 종류의 무거운 금속 꿈을 꾸면 ?

【해설】 : 재물을 얻는다.

❖ 쇠를 보는 꿈은 ?

【해설】 : 흉하며 반드시 놀랄 일이 생길 것이다.

❖ 철전 무쇠 돈을 보는 꿈은 ?

【해설】 : 봄 여름은 길하고 가을 겨울은 흉하다.

❖ 동전을 얻는 꿈은 ?

【해설】 : 크게 부귀한다.

❖ 남의 비단을 강탈하는 꿈은 ?

【해설】 : 학문이 퇴보된다.

❖ 남에게 실과 솜을 주는 꿈은 ?

【해설】 : 대흉하다.

❖ 포목을 남에게서 얻는 꿈은 ?

【해설】 : 먼 곳에서 소식이 있다.

❖ 베나 명주를 짜는 꿈은 ?

【해설】 : 수명이 장수한다.

❖ 베짜는 실을 물레질 하는 꿈은 ?

【해설】 : 명이 길다.

❖ 상자 등 속을 보는 꿈은 ?

【해설】 : 구설이 많다.

❖ 자루 등 속을 바늘로 깁는 꿈은 ?

【해설】 : 길하며 장사가 잘된다.

❖ 실을 염색하거나 물든 실을 보는 꿈은 ?

【해설】 : 공연히 힘과 애만 쓰는 결과가 된다.

❖ 실이 얽히고 흐트러진 꿈은 ?

【해설】: 송사가 생긴다.

❖ 직물(무명) 등을 짜는 꿈은?

【해설】: 계집아이를 낳는다.

❖ 직조하는 기구를 본 꿈은?

【해설】: 먼 곳에서 소식이 있거나 또 남에게 사기당하는 수가 있으니 조심하라.

❖ 담요 등속을 찢는 꿈은?

【해설】: 흉하고 담요를 잘 까는 것은 길하다.

❖ 입신 출세를 하거나 큰 횡재를 해 보이는 꿈은?

【해설】: 불길하며 반드시 손재수 기타 돈 없어질 일이 생긴다. 또 남에게 질투를 받으니 조심하라.

❖ 노름을 하여 돈을 따는 꿈은?

【해설】: 반드시 친한 사람으로 인하여 손해 보거나 재물을 빼앗긴다.

❖ 대체로 도박 기타 승부 등을 해보는 꿈은?

【해설】: 신장 폐 등이 허약한 탓이니, 부디 조심하고 섭생하며 복약하라.

❖ 공중에서 지폐가 눈처럼 떨어져 집안에 수북이 쌓인 꿈은?

【해설】: 사회 단체를 통하여 재물이 생기거나 여러 통의 편지를 받는다.

❖ 돈을 많이 소유한 꿈은?

【해설】: 만족할 일, 재물 등이 생긴다.

❖ 돈을 타오는 꿈은?

【해설】: 재물, 보험, 예금, 복권 등을 나타낸다.

❖ 거리에서 동전을 주워 주머니에 넣은 꿈은?

【해설】: 친구들과 사소한 일로 다투게 된다.

❖ 금고가 열려있는 꿈은?

【해설】: 재물이 생기거나 정신적, 학문 등을 통해서 진리를 깨닫는다.

❖ 길바닥에서 녹슨 동전을 여러 개 주운 꿈은?

【해설】: 가까운 사람이 병사해서 며칠간 슬퍼하고 걱정한다.

❖ 빳빳한 지폐를 길거리에서 주운 꿈은?

【해설】: 펜팔, 일거리, 소설 등을 주고받을 일이 있다.

❖ 교통편으로 운반해다 준 보따리를 방에서 풀어보니 돈이 방안에 가득 찬 꿈은?

【해설】: 이것이 태몽이라면 자수 성가하여 부자가 될 자손을 얻는다.

❖ 금고를 집에 들여온 꿈은?

【해설】: 자본주 등이 생긴다.

❖ 깨끗한 동전을 얻는 꿈은?

【해설】: 새로운 친구를 소개받거나 직장에 취직이 된다.

❖ 돈을 헤아리는 동안에 돈이 갑자기 솔가지로 변한 꿈은?

【해설】: 사업을 시작하는데 쓰이는 자본금이 한없이 들어간다.

❖ 어떤 사람이 준 돈이 종이로 변한 꿈은?

【해설】: 누군가의 강압적인 요구, 지시, 명령 등을 따르게 된다.

❖ 돈이 가방에 가득 찬 것을, 모르는 사람이 가져가라고 한 꿈은?

【해설】: 주택을 구입하거나 사업을 계획한다.

❖ 계돈을 타러 가는데 버스 운전수가 돈 보따리를 준 꿈은?

【해설】: 남의 도움으로 재물을 얻는다.

❖ 광석을 운반하거나 쌓는 것을 본 꿈은?

【해설】: 여러 방면으로 많은 재물을 확보하게 된다.

❖ 금실이 수놓아진 치마를 선물받은 꿈은?

【해설】: 미혼자는 마땅한 혼처자리가 나타난다.

❖ 미혼녀가 금반지를 남에게 받은 꿈은?

【해설】: 미혼녀는 결혼이 성사된다.

❖ 벽에서 가스가 새어 나온 것을 본 꿈은?

【해설】 : 새로운 소식을 전해 듣거나 인쇄물을 보게 된다.

❖ 금두꺼비나 금송아지를 얻은 꿈은?

【해설】 : 이것이 태몽이라면 부귀 공명할 자손을 얻게 된다.

❖ 금속의 성질이 튼튼하여 오래 보존된 꿈은?

【해설】 : 하는 일이 견고하고 완벽하여 가치있는 것을 나타낸다.

❖ 보석이 변색하거나 빛을 잃은 꿈은?

【해설】 : 자기 주변이나 신변에 새로운 변화가 생긴다.

❖ 옷에 금줄이 달리거나 금장식한 옷을 입은 꿈은?

【해설】 : 고위층 사람과 인연을 맺어 자기의 신분이 높아진다.

❖ 권력자가 보석을 잃은 꿈은?

【해설】 : 자기의 명예나 신분이 하루 아침에 몰락하게 된다.

❖ 가스가 폭발한 꿈은?

【해설】 : 어떤 선전 광고나 작품이 대단한 인기를 끌게 된다.

❖ 구리반지가 보석반지로 변한 꿈은?

【해설】 : 미천한 것에서 출발하여 점차적으로 발전을 거듭하게 된다.

❖ 광산을 찾아가거나 광맥을 탐색한 꿈은?

【해설】 : 어떤 기관에 갈 일이 생기고 일의 성과를 얻기 위해 많은 연구를 한다.

❖ 산에서 물이 아닌 기름이 냇물이 되어 흐르는 것을 본 꿈은?

【해설】 : 자기의 작품을 발표하거나 종교적인 전도를 하게 된다.

❖ 보물단지나 보물 상자를 얻거나 본 꿈은?

【해설】 : 학자는 많은 연구를 하여 희귀한 학설을 정립하게 된다.

❖ 상대방을 돌로 때린 꿈은?

【해설】 : 상대방에게 바른 말을 해서 깨우쳐 주거나 자기 주장을 강력히 내세운다.

❖ 돌덩이가 변해 큰 바위가 된 꿈은?

【해설】 : 작은 사업이 점차 확대되어 큰 사업으로 번창된다.

❖ **벽돌을 많이 생산하거나 집으로 들여온 꿈은 ?**

【해설】 : 어떤 학문적인 자료를 얻거나 훌륭한 인재를 모으게
된다.

❖ **지팡이나 주먹으로 바위를 쳐서 물을 얻어 마실 수 있는 꿈은 ?**

【해설】 : 좋은 아이디어로 세상 사람들을 감동시키고 많은 재
물을 얻게 된다.

❖ **거리에 자갈을 깔아 놓은 꿈은 ?**

【해설】 : 어떤 교리를 설파하거나 여러 사람에게 일에 대한 방
법과 도리를 알려 준다.

❖ **큰 바위를 자갈로 만든 꿈은 ?**

【해설】 : 어떤 일을 서로 분담하여 작업을 시작하게 된다.

❖ **상대방에게 돌로 얻어 맞은 꿈은 ?**

【해설】 : 쌍방간에 서로 의견 대립이 있어 다투게 된다.

❖ **주먹으로 바위를 쳐서 산산조각을 낸 꿈은 ?**

【해설】 : 어떤 단체에서 자기의 주장을 내세워 서로 화합할 수
있게 만든다.

❖ **돌로 울타리를 쌓은 꿈은 ?**

【해설】 : 다른 사람의 협조를 얻어 신분이나 사업이 새로와진다.

❖ **돌탑을 바라본 꿈은 ?**

【해설】 : 학문 연구에 깊이 몰두하거나 남에게 소청할 일이 생
긴다.

❖ **돌웃에 꽃이 핀 꿈은 ?**

【해설】 : 하고 있는 사업이 점차 활발하게 움직여 번창해 나간
다.

❖ **반석위에 앉거나 서있는 꿈은 ?**

【해설】 : 어떤 단체를 이끌어 나갈 지도자가 되거나 하는 일마
다 순리대로 잘 풀려나간다.

동물 · 가축의 꿈

❖ 소뿔에서 피가 낭자하게 흐르는 꿈은?

【해설】 : 관직에서 장관에 오른다.

❖ 소가 산이나 언덕에 오르는 꿈은?

【해설】 : 대길하다.

❖ 소가 대문을 나가는 꿈은?

【해설】 : 흉하며 관의 송사가 생긴다.

❖ 소가 사람을 받는 꿈은?

【해설】 : 사사건건 일이 되지 않는다.

❖ 소가 방안으로 들어오는 꿈은?

【해설】 : 가난해질 징조

❖ 소 수레에 소머리가 없는 꿈은?

【해설】 : 부귀와 영화를 얻는 징조이다.

❖ 소가 송아지를 낳는 꿈은?

【해설】 : 구하는 것이 반드시 얻어진다.

❖ 소가 집에 오는 꿈은?

【해설】: 반드시 부귀를 얻는다.

❖ 소를 끌고 산에 올라가는 꿈은?

【해설】: 크게 부자가 될 징조

❖ 소나 양을 끌고 오는 자가 있는 꿈은?

【해설】: 재산과 복이 있다.

❖ 소, 말, 양, 산양 떼들이 모인 것을 소유한 꿈은?

【해설】: 부자가 될 징조이다.

❖ 말에 돈이나 짐을 싣는 꿈은?

【해설】: 관직을 잃게 된다.

❖ 말이 뜰 앞에서 춤추는 꿈은?

【해설】: 흉한 화재를 당할 징조이니 조심하라.

❖ 말 안장이 완전한 꿈은?

【해설】: 일이 반드시 성사된다.

❖ 말 위에 안장을 얹는 꿈은?

【해설】: 협의하는 일이 성사되며 또 먼 길을 가게 된다.

❖ 말과 서로 싸우는 꿈은?

【해설】: 일이 안된다.

❖ 숫한 말이 도망치는 꿈은?

【해설】: 백가지 일이 모두 흉하다.

❖ 짐을 실은 말을 본 꿈은?

【해설】: 불길하고 매어놓은 말은 대길하다.

❖ 아름다운 안장을 얹힌 암말이 집안에 뛰어 들어오는 꿈은?

【해설】: 부유한 아내를 얻어 행복하게 살 좋은 꿈이며 반대로 지저분한 암말이 뛰어 오면 악독한 처첩이나 하녀로 곤란을 겪을 징조

❖ 등자를 얻는 꿈은?

【해설】: 의논한 일이 성사된다.

❖ 말을 타고 천리를 달리는 꿈은?

【해설】: 큰 기쁨이 찾아온다.

❖ 말에게 물린 꿈은?

　　【해설】: 관직을 얻게 된다.

❖ 역마가 달려오는 꿈은?

　　【해설】: 경사스런 일이 잦아진다.

❖ 준마를 탄 꿈은?

　　【해설】: 길몽이고 놀란 말을 탄 꿈은 흉몽이다.

❖ 아름다운 말을 타고 소유한 꿈은?

　　【해설】: 미녀 아내를 얻고 남이 소유한 아름다운 말을 탄 꿈
　　　　　　이라면 부녀자의 원조로 명성을 얻고 재물도 생긴다.

❖ 험준한 길을 말타고 말 먹이를 주는 꿈은?

　　【해설】: 귀한 아들을 얻는다.

❖ 마굿간에 가서 말에게 말 먹이를 주는 꿈은?

　　【해설】: 귀한 아들을 얻는다.

❖ 죄인이 말을 달리는 꿈은?

　　【해설】: 액운이 찾아온다.

❖ 백마를 탄 꿈은?

　　【해설】: 사망할 꿈이다.

❖ 백마를 본 꿈은?

　　【해설】: 아름답고 정숙한 아내를 얻으며 꿈에 흑마를 보면 부
　　　　　　유하지만 음탕한 여인을 얻는다.

❖ 산돼지를 타고 오는 자가 있는 꿈은?

　　【해설】: 대길하다.

❖ 소나 양을 손으로 끌고오는 꿈은?

　　【해설】: 안락한 길몽이다.

❖ 개들이 요란스럽게 짖어대며 서로 싸우는 꿈은?

　　【해설】: 질병이 찾아온다.

❖ 개가 그 주인을 무는 꿈은?

　　【해설】: 재산을 없애는 흉몽이고 또 반드시 은혜를 배신당할
　　　　　　적이 있다고 한다.

❖ 많은 개가 하늘로 올라가는 꿈은 ?

【해설】 : 대길하므로 반드시 복록을 받게 된다.

❖ 개를 부르는 꿈은 ?

【해설】 : 주식이 생기는 꿈이다.

❖ 산돼지가 집에 들어오는 꿈은 ?

【해설】 : 좋은 일이 생긴다.

❖ 들돼지의 목을 얻는 꿈은 ?

【해설】 : 송사에 승리한다.

❖ 짐승이 사람과 더불어 말하는 꿈은 ?

【해설】 : 흉몽이다.

❖ 말과 개가 서로 보이는 꿈은 ?

【해설】 : 상스럽지 못한 꿈이다.

❖ 개가 말을 썩 잘하는 꿈은 ?

【해설】 : 처첩 비복에 구설수가 많다.

❖ 개에게 물리던가 뭇개의 포위를 받은 꿈은 ?

【해설】 : 반드시 참변을 당하던가 원한이 맺어지게 된다.

❖ 짐승을 기르는 꿈은 ?

【해설】 : 쌀과 곡식을 얻을 징조이고 짐승을 죽이는 꿈은 주식
이 생기지만 친척과 말다툼이 생기며 구설수가 많다.

❖ 짐승이 두 발로 서서 걷고 말을 하는 꿈은 ?

【해설】 : 고용인에게 사기 당한다.

❖ 코끼리 또는 백마를 본 꿈은 ?

【해설】 : 매사에 순조롭고 구하는 일이 반드시 이룩된다. 다만
중간 고생을 면치 못하니 조심하여라.

❖ 소를 본 꿈은 ?

【해설】 : 매사가 처음엔 잘되나 후난이 있으므로 성급한 짓을
삼가하여라.

❖ 원숭이를 본 꿈은 ?

【해설】 : 독단적인 일을 삼가해야 할 것이며 성급을 삼가하지

않으면 헛된 노력만 한다. .

❖ 말이나 망아지의 꿈은?
【해설】: 춘삼월 중에는 길몽이오. 여름 석달은 화난을 입을 흉몽이고 가을과 겨울은 반쯤 길하다.

❖ 개들끼기 서로 싸우는 꿈은?
【해설】: 어떤 사람이 헐뜯고 비난하는 것을 참견하다 오히려 화를 입는다.

❖ 개를 죽이는 꿈은?
【해설】: 하고자 하는 일이 성사되며 남에게 폐를 끼친 것을 갚게 된다.

❖ 해질 무렵에 개가 달려가는 것을 본 꿈은?
【해설】: 탐정, 기자, 취재 등의 일에 종사하는 사람들은 능력을 발휘할 수 있다.

❖ 개가 두 발로 서서 움직이는 꿈은?
【해설】: 아는 사람이 자기를 인신공격하거나 구타할 일에 직면하다.

❖ 돼지새끼를 사는 꿈은?
【해설】: 적은 돈을 얻지만 그 돈을 이용하여 큰 재물을 만들 수 있다.

❖ 돼지고기를 상식 이상으로 많이 사는 꿈은?
【해설】: 뜻하지 않은 많은 재물을 얻게 된다.

❖ 멧돼지를 잡는 꿈은?
【해설】: 대학입학, 고시합격, 권리학보 등이 뜻대로 성사된다.

❖ 돼지와 방에서 싸우다 돼지의 목을 누르는 꿈은?
【해설】: 사업을 일으키거나 재물을 소유하며 경쟁, 재판 등의 시비가 있으나 승리한다.

❖ 돼지새끼를 쓰다듬은 후 아이를 낳은 꿈은?
【해설】: 이것이 태몽이라면 재물이 많은 자식을 낳겠지만 그 자식으로 인해서 마음 고생을 한다.

❖ 돼지 한 마리가 갑자기 어려 마리로 변하는 꿈은?

【해설】: 재물이 생기며 사업이 번창한다. 연구하는 직업을 가
진 사람은 좋은 결실을 맺게 된다.

❖ 집을 나갔던 개가 다시 찾아와서 기뻐하는 꿈은?

【해설】: 생각지도 못했던 곳에서 소식이 온다.

❖ 개가 사납게 짖어 집 안으로 못들어 갔던 꿈은?

【해설】: 들어가야 할 곳을 들어가지 못해서 난처한 입장에 처
하게 된다.

❖ 어느 집을 방문했을 때 개에게 물리는 꿈은?

【해설】: 자기가 하고 있는 일이 잘 풀리게 된다.

❖ 남의 집 개가 자기 집에 접근하려했던 꿈은?

【해설】: 새로운 소식을 듣거나 나쁜 영향을 끼칠 사람이 나타
난다.

❖ 남의 집 개와 자기 집 개가 함께 놀고 있는 꿈은?

【해설】: 집안 식구 중 한 사람이 어느 단체에 가입하거나 무
뢰한들과 공모할 일이 생긴다.

❖ 원숭이가 높은 곳으로 기어 오르는 꿈은?

【해설】: 하고 있는 일이 잘된다. 원숭이가 위에서 내려다보면
헤어진 사람이 자기 주위를 항상 맴돌고 있다.

❖ 원숭이끼리 서로 싸우고 있는 꿈은?

【해설】: 문화생활을 즐기거나 자기 일에 간섭하는 사람을 책
망한다.

❖ 고양이가 쥐를 잡는 꿈은?

【해설】: 수사관인 경우는 범인을 잡거나 처리 안되고 보류 되
었던 일은 풀린다.

❖ 고양이를 잡아 죽이는 꿈은?

【해설】: 모든 일이 순조롭게 해결된다.

❖ 닭장을 들여다보는 고양이를 꿈은?

【해설】: 자신에게 손해를 끼칠 사람이 나타나거나 재산을 보

호해 줄 고용인을 채용하게 된다.

❖ **고양이를 귀여워 해주는 꿈은?**
【해설】: 사람을 품에 안을 일이 생기며, 힘든 일을 맡게도 된다.

❖ **호랑이라가 생각했는데 자세히 살펴 보니 고양이가 있는 꿈은?**
【해설】: 가치가 있다고 생각한 물건이 사실은 가치가 없다.

❖ **고양이와 개가 서로 할퀴고 싸우는 꿈은?**
【해설】: 세력 다툼을 하거나 공박하는 일에 관계한다.

❖ **사나운 개가 물려고 덤벼들거나 여러 마리가 한꺼번에 덤벼드는 꿈은?**
【해설】: 신변에 위험한 일이 일어나거나 남의 시비를 받는다.

❖ **돼지머리를 제사상에 올려 놓은 꿈은?**
【해설】: 자신의 작품 등을 제3자에게 칭찬받거나 누구에겐가 물질적인 보답을 받게 된다.

❖ **황소만한 돼지가 가는 곳마다 따라오는 꿈은?**
【해설】: 재산이 많은 사람의 도움을 받아 경제적으로 풍족하지만 심적 부담을 느끼게 된다. 돼지가 옆에서 따라오면 하는 일마다 실패가 없으며 남이 부러워할 정도로 순탄한 길을 걷게 된다.

❖ **멧돼지 수십 마리가 한꺼번에 몰려오는 꿈은?**
【해설】: 직계가족, 일가친척 중에 자식을 낳은 사람이 있으며 그 자손의 앞날은 밝다.

❖ **돼지가 우리 밖으로 뛰쳐나가는데도 붙잡지 못한 꿈은?**
【해설】: 하는 일이 심하게 꼬이거나 물질적인 손해를 보게 된다.

❖ **맹수 이상으로 사나운 돼지가 갑자기 방에서 사람으로 변하는 꿈은?**
【해설】: 상대하는 사람의 겉과 속이 다를 수가 있다.

❖ 돼지를 차에 싣고 오거나 등에 지거나 몰고오는 꿈은?

【해설】: 많은 상품 또는 재물이 생기지만 빛좋은 개살구격이다.

❖ 돼지를 사다가 잡아서 파는 꿈은?

【해설】: 재물을 잃거나 다른 사람에게 주게 된다.

❖ 멧돼지가 사람을 물려고 덤벼드는 것을 죽인 꿈은

【해설】: 힘들고 어려운 일이나, 적의 침입을 막을 수 있다.

❖ 돼지머리를 삶아서 칼로 썰어 그 일부를 감추어 둔 꿈은?

【해설】: 사업상의 장부를 위조해 세금의 일부를 급한 곳에 활
용할 수 있다.

❖ 여러가지 색깔의 돼지새끼들이 태어나는 것을 보고 출산한 꿈
은?

【해설】: 직계가족 중에서 이별을 하거나 자손들이 제각기 다
른 사업에 손을 대게 된다.

❖ 돼지 여러마리가 교미하고 있는 꿈은?

【해설】: 하는 일이 번창하거나 축하금을 받을 일이 생긴다.

❖ 돼지를 통채로 구워서 잘라 먹는 꿈은?

【해설】: 논문·작품 등에 좋은 평가가 내려져서 많은 사람들
로부터 축하를 받게 된다.

❖ 돼지우리에서 소변을 보는데 돼지새끼들이 한꺼번에 몰려와서
받아 먹는 꿈은?

【해설】: 여러 작품을 유명인에 의해서 평가받게 된다.

❖ 가까운 친척 중의 한사람이 돼지를 몰고오는 꿈은?

【해설】: 직계가족 중의 한사람이 가까운 시일 내에 돈을 가져
온다.

❖ 죽은 소를 묻으려고 하는 꿈은?

【해설】: 집안에 화근이 생긴다.

❖ 외양간에 매어진 소가 머리를 밖으로 향한 꿈은?

【해설】: 집안에 있는 사람이 오래 머물러 있지 않는다.

❖ 소에게 받힌 꿈은?

【해설】: 신임하고 있던 사람에게 배반당하거나 정신적인 고통을 받는다.

❖ **소가 논두렁이나 함정에 빠져 있는 것을 구해준 꿈은?**

【해설】: 가까운 곳에 있는 사람들이 병들거나 모함에 빠지고, 기울던 가산, 사업 등을 구해낸다.

❖ **소를 자신이 죽인 꿈은?**

【해설】: 사업이 잘 풀린다.

❖ **많은 소가 목장에서 평화롭게 놀고 있는 꿈은?**

【해설】: 많은 사람을 대하거나 일거리가 생긴다.

❖ **소를 팔러간 꿈은?**

【해설】: 집, 고용인, 재물 등을 잃게 되거나 다른 사람에게 빌려준 물건을 찾기가 힘들다.

❖ **성난 소가 뒤쫓아와 도망친 꿈은?**

【해설】: 사업상의 일이나 책 등을 접하게 된다.

❖ **누런 암소가 검정 송아지를 낳은 꿈은?**

【해설】: 이것이 태몽이라면 자손이 여러 사람과 자주 다툰다.

❖ **황소 여러 마리가 매어져 있는 꿈은?**

【해설】: 이것이 태몽이라면 자손이 많거나, 자수성가할 인물이다.

❖ **소뿔에서 피가 흐르는 것을 본 꿈은?**

【해설】: 진급이 되거나 학술 등으로 세인들의 관심을 받게 된다.

❖ **소뿔이 잘 생기고 털에 윤기가 있는 것을 본 꿈은?**

【해설】: 좋은 사람을 만나고 뛰어난 작품을 접하게 된다.

❖ **소가 수레를 끌고 가는 꿈은?**

【해설】: 많은 사람과 협력하여 하고자 하는 일이 이루어진다.

❖ **짐을 가득 실은 소가 지쳐 있는 꿈은?**

【해설】: 하고 있는 일이 너무나 힘들어서 고통을 받는다.

❖ **많은 사람이 쇠고기를 자르는 꿈은?**

【해설】 : 물건을 서로들 나누어 가지려다 시비가 생긴다.

❖ 소에다 쟁기를 매고 농사일을 하고 있는 꿈은?

【해설】 : 어떤 사람 또는 협조자를 시켜 일을 추진한다.

❖ 자신이 소를 이끌고 산에 오른 꿈은?

【해설】 : 자신을 내세울 일이 있거나 재물이 생긴다.

❖ 목부가 여러 마리의 소를 몰고 앞으로 향하는 꿈은?

【해설】 : 단체의 주도권을 잡거나 재물이 한 곳으로 모인다.

❖ 토끼가 새끼를 낳고 있는 꿈은?

【해설】 : 많은 재물이 생기거나 어떠한 일에 몰두하게 된다.

❖ 양을 한꺼번에 몰아다 집에다 매놓은 꿈은?

【해설】 : 좋은 사람이 들어오고, 재물을 얻기도 한다.

❖ 양떼를 몰고 다니는 꿈은?

【해설】 : 성직자, 교육자 등이 되거나 인재를 양성하는데 종사
한다.

❖ 풀을 뜯고 있는 양을 본 꿈은?

【해설】 : 자기 일에 충실함을 나타낸다.

❖ 토끼장에서 많은 토끼를 기르는 꿈은?

【해설】 : 일을 여러 가지로 해보거나 어느 단체에서 사람들이
직무에 종사함을 본다.

❖ 양의 젖을 짜는 것을 본 꿈은?

【해설】 : 하고 있는 일이 잘 되어서 재물이 생긴다.

❖ 백마가 하늘을 날으는 꿈은?

【해설】 : 사업을 벌여 세인의 관심을 끌지만 한편으로는 불안
해 할 일도 생긴다.

❖ 달리던 말이 쓰러진 꿈은?

【해설】 : 하고 있는 일에 장애물이 생겨 고비를 겪게 된다.

❖ 말이 놀라서 사방으로 흩어져 도망친 꿈은?

【해설】 : 부동산, 동산 등이 흩어져 하고 있는 일이 제대로 풀
리지 않는다.

❖ **말에서 떨어진 꿈은?**

【해설】: 사업의 실패와 사람들에게 배신감을 가져온다.

❖ **쌍두마차를 타고 거리를 달리는 꿈은?**

【해설】: 여러 사람과 협조해서 사업을 경영한다.

❖ **말을 타고 사람들 앞을 지나가는데 그들이 우러러보거나 엎드려 있는 꿈은?**

【해설】: 공공단체에서 자신이 주도권을 잡는다.

❖ **말에게 물린 꿈은?**

【해설】: 어떤 일의 주도권을 잡거나 출세하여 세상에 이름을 날린다.

❖ **말의 성기가 팽창해 있는 꿈은?**

【해설】: 가까운 사람이 자기에게 반항을 한다.

❖ **준마를 타고 하늘을 날으는 꿈은?**

【해설】: 자신의 모습을 남에게 과시한다.

❖ **말을 타고 들판을 달리는 꿈은?**

【해설】: 추진하고 있는 일이 몇 번의 고비를 겪는다.

❖ **묶여 있는 말이 우는 꿈은?**

【해설】: 제3자가 자신의 고민을 이야기 한다.

❖ **잔디밭에 묶여 있는 말을 보고 출산한 꿈은?**

【해설】: 이것이 태몽이라면 재산이 많고 육영 사업에 종사할 자손이다.

❖ **처녀가 말을 타고 있는 꿈은?**

【해설】: 추진하고 있는 일이 성사된다.

❖ **말이 단체나 군대가 도열해 있는 곳을 지나가거나 사열한 꿈은?**

【해설】: 남에게 청탁을 하지만 쉽게 이루어지지 않는다.

❖ **말에다 짐을 싣거나 마차를 맨 꿈은?**

【해설】: 가정에 화근이 생기거나 이사할 일이 있다.

거북·자라·물고기·벌레의 꿈

❖ **거북을 본 꿈은?**

【해설】 : 매사가 순조롭고 행복하다. 다만 흙거북이나 자라의
꿈은 처음에 흥했다가 후에 망하기 때문에 조심하라.

❖ **거북이 집이나 우물속에 들어가는 꿈은?**

【해설】 : 부자가 될 징조

❖ **자라를 본 꿈은?**

【해설】 : 관직을 얻고 여자에게 길하다. 거북 꿈은 재물을 얻
고 남자에게 길하다.

❖ **잉어가 뛰는 꿈은?**

【해설】 : 입신 출세하고 아내가 귀자를 임신한다. 다만 방심하
고 게을리 하면 만사가 도로아미타불이니 조심하라.

❖ **도미가 꿈틀거리는 꿈은?**

【해설】 : 기쁜 일이 많고 남녀 모두 운이 열릴 징조이다. 도미
를 선물받은 꿈은 장사에 이익이 있다.

❖ **물고기가 물 위에 날라 다니는 꿈은?**

【해설】 : 만사가 산란하고 되는 일이 없다.

❖ 농어를 남에게서 선물받은 꿈은?
【해설】 : 먼데서 소식이 들리고 농어를 먹은 꿈은 고향에 돌아
가게 된다.

❖ 오색이 찬란한 물고기를 본 꿈은?
【해설】 : 병자가 완쾌되며 건강한 사람이 이 꿈을 꾸게되면 송
사가 생기니 반드시 조심하라.

❖ 임신한 부인이 물고기를 낳은 꿈은?
【해설】 : 반드시 귀여운 아기를 낳는다.

❖ 물고기가 떼지어 노는 꿈은?
【해설】 : 재물을 얻는다. 또한 고향에 돌아가게 되고 출세도
한다. 다만 바다물 속의 물고기는 불길하다.

❖ 건어 말린 물고기가 개천으로 내려가는 꿈은?
【해설】 : 재수가 열린다.

❖ 작은 물고기가 새끼를 낳는 꿈은?
【해설】 : 만사 대길하다.

❖ 물고기를 잡아 요리해 먹는 꿈은?
【해설】 : 귀인의 도움을 얻는다.

❖ 냇물에서 천렵하는 꿈은?
【해설】 : 좋은 주인을 만난다.

❖ 물고기를 잡는 꿈은?
【해설】 : 관직이 옮겨진다. 큰 고기를 잡으면 재수가 있어서
승부사에 이익이 있고 작은 물고기를 잡은 꿈은 불길
하다.

❖ 창으로 물고기를 찔러보이는 꿈은?
【해설】 : 불길한 징조이고 질병을 얻는다.

❖ 물고기가 배에 뛰어든 꿈은?
【해설】 : 입신 출세한다.

❖ 물고기를 선물받는 꿈은?

【해설】 : 반드시 먼 곳의 소식이 있다.

❖ 사람이 물고기를 풀어 주는 꿈은?

【해설】 : 백가지 일에 운이 열린다.

❖ 자기 몸이 물고기로 변하는 꿈은?

【해설】 : 재산을 탕진한다.

❖ 우물안에 큰 물고기가 있는 꿈은?

【해설】 : 관직이 옮겨질 징조

❖ 그물을 치고 물고기를 잡는 꿈은?

【해설】 : 백가지 일이 길하다.

❖ 낚시질 하며 물고기를 잡는 꿈은?

【해설】 : 기쁜 일이 겹친다.

❖ 새우가 물고기로 변해 보이는 꿈은?

【해설】 : 재산을 잃거나 물건을 잃는다. 두꺼비가 물고기로 변
하는 꿈도 역시 마찬가지이다.

❖ 자기 몸에서 물고기나 벌레가 나오는 꿈은?

【해설】 : 질병이 쾌차할 징조이다.

❖ 게를 본 꿈은?

【해설】 : 흉하며 만사가 산란해서 모든 일이 잘 안된다.

❖ 두꺼비가 울고 달리는 꿈은?

【해설】 : 구설수가 있다.

❖ 조개를 열어보는 꿈은?

【해설】 : 귀한 아들을 얻는다. 또한 일설엔 귀한 지위를 얻는
다고도 한다.

❖ 소라의 꿈은?

【해설】 : 이별하고 흩어질 징조이다.

❖ 거머리 꿈은?

【해설】 : 부녀자가 재물을 잃어버릴 징조

❖ 벌집을 본 꿈은?

【해설】 : 귀한 아들을 낳고 벌에게 쏘이면 걱정될 일이 생긴다.

❖ **물고기를 저수지에서 많이 잡는 꿈은?**

【해설】 : 남에게 도움을 받을 어려운 일이 생긴다.

❖ **물고기를 시장에서 사는 꿈은?**

【해설】 : 노력의 댓가, 융자 등을 받게 된다.

❖ **낚시질을 해서 싱싱한 물고기가 걸리는 꿈은?**

【해설】 : 계획하고 있는 일이 성사된다.

❖ **배를 타고 나가서 그물로 많은 물고기를 잡는 꿈은?**

【해설】 : 남을 통해서 일확천금의 꿈이 실현된다.

❖ **저수지 등에 물이 말라 물고기가 보이거나 다른 동물로 변하는 꿈은?**

【해설】 : 생활 환경이나 신상에 나쁜 변화가 생긴다.

❖ **물고기가 알을 낳는 꿈은?**

【해설】 : 소원성취가 되며 재물이 늘어난다.

❖ **하늘에서 떨어지는 조개를 받아 먹는 꿈은?**

【해설】 : 공적으로 재물을 얻는다.

❖ **강변에 있는 방게가 깜짝 놀라 숨어 버리는 꿈은?**

【해설】 : 일은 크게 벌리지만 실속이 없다.

❖ **물이 없는 개울이나 산에서 조개를 줍는 꿈은?**

【해설】 : 어떤 재물을 얻거나 학설에 관한 것을 수집하게 된다.

❖ **폭포 위로 잉어가 뛰어오르는 꿈은?**

【해설】 : 사업이 번창하여 사람들을 놀라게 한다.

❖ **어항에 있는 물이 마르거나 어항이 깨지는 꿈은?**

【해설】 : 행복, 재물 등이 깨지고 아는 사람 중에 병들거나 하고 있는 일이 침체된다.

❖ **조개에서 진주가 나온 꿈은?**

【해설】 : 만사형통 할 운수이다.

❖ **배의 갑판으로 물고기가 뛰어오르는 꿈은?**

【해설】 : 사람을 구하거나 횡재할 일이 생긴다.

❖ **맑은 물이 고인 논바닥에 물고기 떼가 놀고 있는 꿈은?**

【해설】: 하고 있는 일의 성과를 기대할 수 있다.

❖ 낚시질을 해서 물고기를 잡는 꿈은?

【해설】: 아이디어를 개발해서 돈을 벌거나 일거리를 얻게 된다.

❖ 물고기가 지하실이나 방안에서 노는 꿈은?

【해설】: 경제적으로 풍족한 사람이 될 태몽이다.

❖ 강물 속에서 여러 마리의 물고기가 헤엄치는 꿈은?

【해설】: 계약이 성사되거나 사람을 양성할 수 있는 일이 있다.

❖ 게 한보따리를 방으로 가지고 들어가는 꿈은?

【해설】: 세일즈맨이 자기를 찾아온다.

❖ 물이 담긴 그릇에 잉어를 집어넣는 꿈은?

【해설】: 창작 작품으로 많은 사람들에게 인정을 받는다.

❖ 많은 꿀벌이 달아나는 꿈은?

【해설】: 주위에 있는 사물이 흩어진다.

❖ 여러 마리의 나비가 떼지어 날으는 꿈은?

【해설】: 집안에 경사스러운 일이 있다.

❖ 자신에게 벌떼가 덤벼드는 꿈은?

【해설】: 다른 사람으로 인해 시달림을 받거나 근심걱정이 생긴다.

❖ 고추잠자기가 무리져서 날으는 꿈은?

【해설】: 귀한 사람을 만나 좋은 일이 생긴다.

❖ 지네에게 물린 꿈은?

【해설】: 투자나 융자 받을 일이 생긴다. 그리고 말린 지네를 많이 가지고 이쓰면 재물이 생긴다.

❖ 벌통에 꿀이 많은 것을 본 꿈은?

【해설】: 뜻밖의 재물이 들어온다.

❖ 송충이가 몸에 달라 붙는 꿈은?

【해설】: 큰 화를 면치 못한다.

❖ 파리를 나르고 있는 개미를 본 꿈은?

【해설】: 아는 사람이 자기의 일을 도와준다.

❖ 거미떼가 마구 덤비는 꿈은?

　　【해설】: 사람에게 시달림을 받거나 화를 면치 못한다.

❖ 딱정벌레가 양쪽 다리에 빈틈없이 붙어 있는 꿈은?

　　【해설】: 세일즈맨이 보험 가입 신청서나 증권 등에 관한 일로
　　　　　　찾아온다.

❖ 개미집을 헐어 버리는 꿈은?

　　【해설】: 가정에 화근이 생긴다.

❖ 벼룩이 갑자기 없어진 꿈은?

　　【해설】: 잡고 있는 것을 놓치기 쉽다.

❖ 나비 여러 마리가 별이 떨어진 주위를 날으는 꿈은?

　　【해설】: 자손이 여러 사람과 깊은 인연을 맺는다.

❖ 천정에 붙어 있는 파리떼를 죽이거나 날려 보내는 꿈은?

　　【해설】: 근심 걱정이 말끔히 해소된다.

❖ 반딧불을 본 꿈은?

　　【해설】: 일이 잘 되는 것 같으면서 제대로 풀리지가 않는다.

❖ 개미떼가 이동하는 꿈은?

　　【해설】: 재물이 생기거나 물건을 생산한다.

❖ 곤충을 거미줄에서 떼어주는 꿈은?

　　【해설】: 어려움에 처해 있는 사람을 도와준다.

❖ 누에를 많이 사육하는 꿈은?

　　【해설】: 재물이 생기고, 누에고치를 만드는 꿈은 건설, 결혼
　　　　　　등이 이루어진다.

❖ 바퀴벌레를 모두 잡아 자루에 넣는 꿈은?

　　【해설】: 정보를 수집하거나 어느 단체의 중임을 맡게 된다.

❖ 하늘에서 벌떼가 떼지어 날아다니는 꿈은?

　　【해설】: 자기를 다른 사람에게 내세운다.

❖ 거미가 먹이를 감고 있는 꿈은?

　　【해설】: 재물이 생기거나 심복을 얻는다.

❖ 거북의 목덜미를 잡은 꿈은?

【해설】 : 소속되어 있는 집단의 일이 풀리게 된다.

❖ 몰려오는 상어떼를 본 꿈은?

【해설】 : 괴한들이 방해를 놓거나 여러 사람의 시비를 받는다.

❖ 악어떼를 차례로 한마리씩 쳐죽이는 꿈은?

【해설】 : 풀리지 않던 일이 기관에서 장애물이 되는 것을 제거하게 된다.

❖ 물에서 나온 물개를 도구로 쳐서 죽인 꿈은?

【해설】 : 어떤 사업체나 기관에서 장애물이 되는 것을 제거하게 된다.

❖ 고래등을 타고 달리는 꿈은?

【해설】 : 교통수단을 이용하거나 어느 단체의 주도자가 된다.

❖ 논둑에서 개구리가 울고 있는 꿈은?

【해설】 : 일을 추진하는데 여러 사람의 시비를 받는다.

❖ 거북을 쫓아가다가 잡지 못한 꿈은?

【해설】 : 치밀한 계획을 세우지만 뜻대로 이루어지지 않는다.

❖ 도마뱀이 자신을 물고 있는 꿈은?

【해설】 : 계획하고 있는 일이 정리가 제대로 안된다.

❖ 고래떼가 몰려와서 배를 뒤엎은 꿈은?

【해설】 : 하고 있는 일이 위태롭거나 파산된다.

❖ 황소만한 도마뱀을 본 꿈은?

【해설】 : 권력자와 만나게 되고 거래, 사업 등이 이루어진다.

❖ 거북을 죽인 꿈은?

【해설】 : 장애물없이 일이 성사된다.

❖ 두꺼비나 맹꽁이가 거리에서 돌아다닌 꿈은?

【해설】 : 줏대없는 사람을 만나거나 신통치 않은 일이 생긴다.

❖ 상어에게 다리를 잘린 꿈은?

【해설】 : 가까운 곳에 있는 사람을 잃게 된다.

❖ 음침한 곳에 도마뱀이 우글거리는 꿈은?

【해설】 : 자신의 능력을 남에게 과시한다.

❖ 벌이 사람의 다리를 쏘는 꿈은 ?
【해설】 : 재물을 얻는다.

❖ 나비가 서로 회롱하는 꿈은 ?
【해설】 : 일이 잘 안된다.

❖ 잠자리가 쌍쌍이 날으는 꿈은 ?
【해설】 : 미인이 찾아온다.

❖ 누에를 본 꿈은 ?
【해설】 : 주식이 생긴다. 누에가 날라도 나가지 못하는 꿈은
재수가 있고 길몽이다.

❖ 거미의 꿈은 ?
【해설】 : 길하며 귀인을 만나 원조를 얻고 또 기다리던 사람이
온다.

❖ 거미줄에 사람이 걸린 꿈은 ?
【해설】 : 질병이 찾아온다.

❖ 거미줄이 많이 널린 것을 보는 꿈은 ?
【해설】 : 주택으로 곤란을 당한다.

❖ 개똥벌레를 본 꿈은 ?
【해설】 : 협의한 일이 잘 안되며 또 여난이 끈질기게 따라다닐
징조이다.

❖ 파리가 모여드는 꿈은 ?
【해설】 : 일이 성공되지 않으며 파리가 온 몸에 앉으면 주식이
생긴다.

❖ 지렁이 꿈은 ?
【해설】 : 사기를 당한다.

❖ 지네를 보는 꿈은 ?
【해설】 : 관리는 불길하므로 관직에서 물러나기가 쉽고 상인은
대길하므로 재수가 있으며 영업이 잘 된다.

❖ 낚시줄이 길게 늘어져 있는 꿈은 ?
【해설】 : 계획한 일을 착수하면 결과가 빠른 시일에 나타난다.

❖ 도롱그의 알을 먹는 꿈은?

【해설】 : 지식을 얻거나 창작물을 발표한다.

❖ 인어를 붙잡아온 꿈은?

【해설】 : 이것이 태몽이라면 자손이 이색적인 직업을 갖게 한다.

❖ 고래 뱃속으로 사람이 들어간 꿈은?

【해설】 : 진급이 되거나 많은 재물을 얻는다.

❖ 뱃길을 고래가 앞장 선 꿈은?

【해설】 : 도움을 받을 사람이 있어서 일이 쉽게 추진된다.

❖ 자라가 거북이로 변해 옆에 있는 꿈은?

【해설】 : 적은 자본으로 큰 소득을 얻는다.

❖ 거북이 등을 타거나 가까이 대하는 꿈은?

【해설】 : 이것이 태몽이라면 권력자, 기관장 등이 되어 부귀를
누린다.

불도와 귀신의 꿈

❖ **명산 대찰에 참배하는 꿈은?**
　【해설】 : 자손이 번창할 징조.

❖ **신불전에 절하고 춤추는 꿈은?**
　【해설】 : 입신 출세할 좋은 징조.

❖ **신불전에 술과 과일 등을 배설하고 제사 지내는 꿈은?**
　【해설】 : 소원이 성취하게 된다.

❖ **불상이나 석탑을 세우는 꿈은?**
　【해설】 : 운수 대통하여 부귀할 징조이다. 만약 출가한 승려가
　　　　　이 꿈을 얻으면 반드시 득도하여 이름이 드날리게 된
　　　　　다.

❖ **절이나 도장에 순례하거나 설법을 듣는 꿈은?**
　【해설】 : 가업과 자손이 번창한다.

❖ **무덤이 자주 보이는 꿈은?**
　【해설】 : 죽은 가족중에 성불하지 못한 자 있기 때문이니까 잘
　　　　　천도하여 제사지내주면 자연 복이 들어와 무병 장수

하게 된다.

❖ 신선을 만나거나 자기가 신선이 된 꿈은?
【해설】: 만사에 다행한 일이 많다.

❖ 모든 부처와 모든 보살을 만나보는 꿈은?
【해설】: 만사가 대길하며 재수가 있다.

❖ 부처님이 사람과 더불어 말하는 꿈은?
【해설】: 복을 얻어 길하다.

❖ 부처님께 절하고 부처님이 움직이는 꿈은?
【해설】: 복을 얻어 길하다.

❖ 신이나 부처님을 본 꿈은?
【해설】: 아들을 낳을 징조.

❖ 신이 길흉을 예고해 주는 꿈은?
【해설】: 길하며 복과 녹을 얻는다.

❖ 신이 불러서 보이는 꿈은?
【해설】: 운수가 열리고 좋은 징조이다.

❖ 신전에 폐백을 바치는 꿈은?
【해설】: 대길하다.

❖ 신전에 제사 지내는 꿈은?
【해설】: 길하고 좋다.

❖ 귀신과 싸워서 이기는 꿈은?
【해설】: 길하고 지면 흉하다. 서로 싸워 승부가 나지 않거나 다만 싸웠다는 꿈은 건강해지며 명이 길다.

❖ 기괴한 귀신을 본 꿈은?
【해설】: 재수가 있고 좋다. 그러나 혹시 일시적 놀램도 있을 수가 있다.

❖ 향을 사르며 사당에 절하는 꿈은?
【해설】: 대길하다.

❖ 법회(法會)에 출석한 꿈은?
【해설】: 귀자를 낳는다.

❖ 자신이 불도계행(佛道戒行)을 받는 꿈은?

【해설】: 효자를 낳는다.

❖ 한 집안이 모여 제사 지내는 꿈은?

【해설】: 길하며 평안하다.

❖ 중에게 경문을 배우는 꿈은?

【해설】: 만사에 덕이 있어 좋다.

❖ 중이 된 꿈은?

【해설】: 모든 일에 좋고 병이 낫는다.

❖ 기둥에 장식을 하고 제사 지내는 꿈은?

【해설】: 집안에 상사가 있기 쉬우니 조심해라.

❖ 승려가 와서 독경하는 꿈은?

【해설】: 병과 근심이 있기 쉽다.

❖ 늙은 중과 또는 백발 노인을 본 꿈은?

【해설】: 출세하고 근심이 없어진다.

❖ 신선이나 이인 또는 기품있는 사람을 만나는 꿈은?

【해설】: 장차 운수가 열릴 징조.

❖ 신선이나 이인에게 약을 받거나 침을 맞는 꿈은?

【해설】: 일가족이 평안하고 병이 없어 좋다.

❖ 장례 지내는 꿈은?

【해설】: 좋고, 상여를 보면 더욱 좋다.

❖ 백골·해골을 본 꿈은?

【해설】: 장사에 이익이 있다.

❖ 만국기를 가득히 장식한 것을 본 꿈은?

【해설】: 만사가 뜻대로 된다.

❖ 붉은색 망또를 입은 유령이 춤추는 것을 본 꿈은?

【해설】: 불량배들에게 매를 맞거나 코피를 흘리는 것으로 액땜을 하게 된다.

❖ 생전에 자기에게 잘해준 누님이 보인 꿈은?

【해설】: 어떤 도움을 받을 수 있는 협조자를 만나게 된다.

❖ **불상에게 염불을 외우거나 절한 꿈은?**

【해설】: 권위있는 사람에게 청원할 일이 있거나 자기의 소원이 성취된다.

❖ **신령적인 존재가 준 음식을 받아 먹은 꿈은?**

【해설】: 존경하는 사람이 자기에게 일을 맡겨 그 일에 종사하게 된다.

❖ **성모마리아상 앞에서 기도한 꿈은?**

【해설】: 다른 사람의 도움으로 자기가 소원한 일이 성취된다.

❖ **우상이나 신에게 제물을 바친 꿈은?**

【해설】: 어떤 권력자에게 자기가 청원한 일을 성취시켜 달라고 부탁한다.

❖ **방망이로 귀신을 잡아 흔적도 없이 해치운 꿈은?**

【해설】: 정신적으로 시달림을 받던 일이 깨끗이 해결된다.

❖ **죽은 딸이 나타난 꿈은?**

【해설】: 어떤 일을 애착심을 가지고 성사시키려고 한다.

❖ **머리를 푼 채 공중을 날아와 머리채를 휘어잡는 유령의 꿈은?**

【해설】: 정신적인 압박을 받거나 두통에 시달리게 된다.

❖ **억울하게 죽었던 자가 나타난 꿈은?**

【해설】: 자기를 괴롭히는 심적 고통거리나 병마에 시달리게 된다.

❖ **조상이 나타나서 예언이나 명령한 꿈은?**

【해설】: 누구의 간섭을 받지 않고 자기 주장대로 일을 처리한다.

❖ **산신령이 위험을 경고한 꿈은?**

【해설】: 자기 아닌 또 하나의 자아를 발견하게 된다.

❖ **선녀와 결혼한 꿈은?**

【해설】: 서류상 계약이 맺어지고 좋은 사람을 만나게 된다.

❖ **좌선하고 있는 석가모니를 본 꿈은?**

【해설】: 학자가 학문 연구에 몰두하게 된다.

❖ **우렁찬 하느님의 말이 공중에서 들린 꿈은?**
　【해설】: 사회적으로 풍기문란, 부정부패를 고발하게 된다.

❖ **선녀가 아이를 가져다 준 꿈은?**
　【해설】: 이것이 태몽이라면 일국의 으뜸가는 학자가 되어 학문적 업적을 남길 자손을 얻게 된다.

❖ **교인이 아닌 사람이 천사가 나팔 부는 것을 본 꿈은?**
　【해설】: 관직에 오르거나 시국의 변화를 나타낸다.

❖ **동상이 자신에게 절을 하거나 걸어간 꿈은?**
　【해설】: 역사적인 일을 재연하거나 역사적 기록물을 읽거나 연구하게 된다.

❖ **고령자나 중병환자가 천사를 따라간 꿈은?**
　【해설】: 자신의 죽음이 임박해 있는 것을 나타낸다.

❖ **신이 약을 줘서 받아 먹은 꿈은?**
　【해실】: 어떤 약을 먹게 되거나 존경하는 사람으로부터 부탁을 받게 된다.

❖ **궁지에 몰렸을 때 하느님을 찾는 꿈은?**
　【해설】: 자기의 양심을 남에게 호소하거나 협조자에게 도움을 청하게 된다.

❖ **오색 찬란한 의상을 걸치고 예수가 나타난 것을 우러러 본 꿈은?**
　【해설】: 진리가 담긴 서적을 출판하거나 사회적으로 위대한 지도자가 나타난다.

❖ **신선과 바둑이나 장기를 둔 꿈은?**
　【해설】: 사업관계로 여러 사람과 시비가 생기게 된다.

❖ **선녀가 춤을 추고 있는 것을 본 꿈은?**
　【해설】: 자기가 하고 있는 일이 여러 사람의 이목거리가 된다.

❖ **교회당에 예수가 나타난 것을 본 꿈은?**
　【해설】: 훌륭한 성직자나 어떤 단체의 우두머리를 만나게 된다.

❖ **성모마리아상이 자신에게 빛을 비추거나 후광을 나타낸 꿈은?**

【해설】 : 자신이 신앙을 깨달음을 느끼고 어떤.위대한 사람의
　　　　업적을 보게 된다.

❖ **걸어가는 예수의 뒷모습을 본 꿈은 ?**

【해설】 : 어떤 지도자가 자기의 청원을 잘 받아 드린다.

❖ **천사가 나팔을 부는 것을 본 꿈은 ?**

【해설】 : 교회 성가대가 음악을 연주하는 것을 보게 된다.

❖ **천당에 보내달라고 하느님께 빈 꿈은 ?**

【해설】 : 자신의 지위가 높아지거나 미혼자는 결혼에 관계되는
　　　　일을 하게 된다.

❖ **불상 좌우에 늘어선 많은 여래상을 본 꿈은 ?**

【해설】 : 어떤 단체의 리이더를 중심으로 서로 협력해 나간다.

의복과 모자의 꿈

❖ 관을 쓰고 가마를 타는 꿈은?

【해설】 : 관직이 장차 진급할 징조. 만약 보통인이면 귀인을
만나 신임을 얻고 출세하게 된다.

❖ 금관을 써 보는 꿈은?

【해설】 : 남에게 신임을 얻어서 출세할 징조.

❖ 관을 태우고 모자를 찢는 꿈은?

【해설】 : 관직이 장차 승진된다.

❖ 관을 벗고 맨 머리를 드러낸 꿈은?

【해설】 : 관직을 떠날 징조.

❖ 띠를 두르고 관을 써 보는 꿈은?

【해설】 : 반드시 좋은 일이 있다.

❖ 의복이 저절로 끌러져 보이는 꿈은?

【해설】 : 백사가 길하다. 그러나 허리의 혁대가 저절로 풀리면
불길하다.

❖ 의복이 갑작스럽게 해지는 꿈은?

126

【해설】 : 처첩이 딴 마음을 갖게 된다.

❖ 옷이 바람에 날려 산란한 꿈은?

【해설】 : 병이 생기고 고생하게 된다.

❖ 새 옷을 만드는 꿈은?

【해설】 : 혼담이 생긴다. 만일 이 옷 저 옷 갈아 입으면 흉하다.

❖ 의복을 염색한 꿈은?

【해설】 : 나쁘다. 주소를 변경하거나 여난이 생긴다. 만약 여자가 이 꿈을 얻었다면 혼담이 생기게 된다.

❖ 부인네가 좋은 옷을 입어보는 꿈은?

【해설】 : 반드시 배은망덕할 일을 하게 된다.

❖ 사람에게 의복을 주는 꿈은?

【해설】 : 실직하는 일이 생기기 쉽고 근심할 일이 생긴다.

❖ 베옷을 입는 꿈은?

【해설】 : 손윗사람이 상사를 당한다.

❖ 붉은 비단 옷을 입어 보는 꿈은?

【해설】 : 출세하고 높은 지위에 올라간다.

❖ 풀로 만든 옷을 입는 꿈은?

【해설】 : 은인이 생긴다.

❖ 옷소매가 바람에 나부끼는 꿈은?

【해설】 : 병을 얻을 수고, 옷소매가 물건에 걸려서 찢어지는 꿈은 처첩과 이별한다.

❖ 의복이 기름으로 더러워져 보이는 꿈은?

【해설】 : 은인을 잃게 된다.

❖ 때묻은 옷을 입고 대중 앞에 나서는 꿈은?

【해설】 : 명예를 잃고 실패할 일이 생긴다.

❖ 비단으로 띠를 만들어 두르는 꿈은?

【해설】 : 만사가 순조로운 징조.

❖ 여자가 자기에게 옷을 입혀주는 꿈은?

【해설】 : 만사가 유리하다.

❖ 새 버선을 신으면 이사할 수요, 버선이 해져 보이면 처자가 병으로 고생한다.

❖ 남이 내 신을 신는 꿈은?

【해설】 : 처첩이 간통하게 된다.

❖ 신발이 떨어져 보이는 꿈은?

【해설】 : 처자가 병든다. 또 친척이 뿔뿔히 흩어지게 된다.

❖ 신발을 잃어버리는 꿈은?

【해설】 : 재수가 없다.

❖ 삼으로 만든 신을 보는 꿈은?

【해설】 : 백가지 일이 다 잘된다.

❖ 신발을 얻는 꿈은?

【해설】 : 귀인의 도움을 받게 된다.

❖ 화려한 옷을 입은 꿈은?

【해설】 : 사업, 신분, 직위 등이 향상되고 좋은 사람을 만나게 된다.

❖ 맞춰 입은 옷이 몸에 꼭 맞지 않은 꿈은?

【해설】 : 주택, 배우자, 직업 등에 불만이 많아진다.

❖ 모자를 새것으로 구입해서 쓴 꿈은?

【해설】 : 신분증의 갱신, 입사, 입학 등을 하게 된다.

❖ 모자에 관한 꿈은?

【해설】 : 일반적으로 동업자, 지위, 신분증, 직업 등과 관련이 있다.

❖ 사각모를 쓴 꿈은?

【해설】 : 학문, 공로 등을 통해서 자신을 인정 받는다.

❖ 상대방이 회색옷을 입은 것을 본 꿈은?

【해설】 : 이중 성격을 가진 사람을 만난다.

❖ 투명한 옷을 걸치고 적진을 활보해도 알아보는 사람이 없는 꿈은?

【해설】 : 남의 눈을 피해서 염탐하거나 교제한다.

❖여러 사람이 수영복을 입고 있는 꿈은?
【해설】: 이념 서적을 보거나 당선, 복권 등과 관계한다.

❖본인이 귀부인이 되어 검정 예복을 입고 대리석 궁전을 걸어다닌 꿈은?
【해설】: 유산 상속 등으로 부귀로워지거나 결혼 생활이 유복해진다.

❖푸른색 계통의 옷을 입는 꿈은?
【해설】: 성실한 사람을 만나게 된다.

❖여자의 옷을 벗기는 꿈은?
【해설】: 차용증서, 문서 등을 다시 확인해 볼 일이 생긴다.

❖처녀가 웨딩드레스를 입은 꿈은?
【해설】: 결혼, 취직 등이 성사되고 새로운 동업자를 만난다.

❖누더기 같은 옷을 입은 꿈은?
【해설】: 타인에게 멸시를 받거나 부동산, 사업 등이 하락한다.

❖흰 상복을 입은 꿈은?
【해설】: 여러 방면으로 유산을 상속 받는다.

❖금은 보화로 된 단추를 달고 있는 옷을 입은 꿈은?
【해설】: 좋은 동업자를 만나서 일이 순조롭게 풀린다.

❖부인이 족도리를 쓰고 거울을 들여다 보는 꿈은?
【해설】: 권력을 쥔 친척을 만나거나 반가운 사람을 접대한다.

❖영적인 존재가 주는 신발을 받아 신는 꿈은?
【해설】: 학자, 지도자, 권력자 등의 도움을 많이 받는다.

❖군인이 단체로 철모를 쓴 꿈은?
【해설】: 하고 있는 날로 번창한다.

❖타인이 새 관을 만들어 씌어준 꿈은?
【해설】: 자격증, 주민증록증, 신분증 등을 갱신한다.

❖장례식에 굴건을 쓴 사람이 많이 있는 꿈은?
【해설】: 유산분배자, 제자 등이 많이 있다.

❖ 자기 신을 찾지 못하고 남의 신을 찾아 신는 꿈은?

【해설】: 직장, 사업, 배우자, 주택 등이 바뀌게 된다.

❖ 고무신 한켤레가 물에 빠져서 건졌는데 여러 컬레의 고무신이 나온 꿈은?

【해설】: 투자를 적게하여 많은 이득을 본다.

❖ 군인들이 군모를 여기저기에 벗어 놓은 것을 본 꿈은?

【해설】: 군인은 임무를 완수하고 제대한다.

❖ 모자를 벗어서 금은보석, 과일, 재물 등의 물건을 담은 꿈은?

【해설】: 좋은 아이디어를 개발하여 이득을 본다.

❖ 사병의 꿈에 장교모를 쓴 꿈은?

【해설】: 자신의 일이 남에게 인정을 받거나 상사의 보호를 받는다.

❖ 모자를 태우거나 찢어버린 꿈은?

【해설】: 새로운 것을 시도하려고 계획을 세운다.

❖ 어른이 학생시절로 돌아가 학생모를 쓴 것을 본 꿈은?

【해설】: 학업, 연구 등에 몰두하거나 단체에 가입한다.

❖ 임금이 입는 곤룡포를 입은 꿈은?

【해설】: 사회적으로 세인들에게 인정을 받는다.

❖ 장롱이나 가방에 여러가지 옷을 챙겨 넣거나 차곡차곡 쌓아 놓은 꿈은?

【해설】: 주변에 있는 것을 정리 정돈하게 된다.

❖ 흰옷을 입는 꿈은?

【해설】: 순진무구함을 나타내고 유산 상속자와 관련이 있다.

❖ 중환자가 새옷을 입고 집 주변을 돌아다니는 꿈은?

【해설】: 그 사람 또는 그와 비슷한 사람이 화를 당한다.

❖ 여자의 옷을 천천히 벗기는 것을 본 꿈은?

【해설】: 서적, 전문 분야의 내용을 읽거나 조사한다.

❖ 붉은 관복을 입은 꿈은?

【해설】: 사회 생활에서 다른 사람이 자신을 인정해 준다.

❖ **옷을 세탁해 입은 꿈은?**

【해설】 : 불안했던 마음이 정리되고 새로운 일을 추진한다.

❖ **옆에 있는 사람이 새빨간 옷을 입고 있는 꿈은?**

【해설】 : 상대방과 시비가 엇갈려 마음이 불쾌해진다.

❖ **벨트가 풀어지자 없어진 꿈은?**

【해설】 : 압박받은 곳에서 해방되고 일의 청탁, 결연 등이 수
포로 돌아간다.

❖ **웨딩드레스를 입고 결혼식을 올린 꿈은?**

【해설】 : 계모임, 동창회, 단체기관 등에서 자신이 주도권을
잡는다.

❖ **옷을 우물가에서 세탁하는 꿈은?**

【해설】 : 과거를 청산하고 새롭게 모든 일을 시작한다.

❖ **노란색이나 황금색 옷을 걸친 꿈은?**

【해설】 : 남의 이목을 한몸에 받는다.

❖ **예식장에 상복을 입은 사람이 나타난 꿈은?**

【해설】 : 단체의 주도권을 잡거나 돈을 지불할 일이 있다.

❖ **흰눈같이 하얀 옷을 입고 있는 꿈은?**

【해설】 : 여러 방면으로 일이 순조롭게 풀린다.

❖ **옷 한 벌을 모두 갖추어 입은 꿈은?**

【해설】 : 하는 일이 모두 만족스럽다.

❖ **예복, 관복 등의 옷을 얻은 꿈은?**

【해설】 : 다른 사람을 통해서 은혜를 입거나 출세를 한다.

❖ **속내의만 입고 걸어다니는 꿈은?**

【해설】 : 하고 있는 일이 불안하거나 동업자의 혜택을 충분히
받지 못한다.

❖ **호주머니에서 알밤을 넘치도록 주어담은 꿈은?**

【해설】 : 입시, 고시, 입사 시험 등에서 좋은 성적을 거둔다.

침상과 그릇의 꿈

❖ **침대와 천장을 새로 하거나 교환하는 꿈은?**

【해설】 : 좋은 배필을 얻고 이사할 수.

❖ **침상이나 휘장 등이 문을 나가는 꿈은?**

【해설】 : 처첩이 죽는다.

❖ **침상에 개미가 많이 모여드는 꿈은?**

【해설】 : 흉하다.

❖ **침상다리가 부러지는 꿈은?**

【해설】 : 고용인이 죽는다.

❖ **침상 방장 등을 넓게 펴는 꿈은?**

【해설】 : 부귀할 징조. 또 술이 생긴다고도 일컫는다.

❖ **침상 위에 피가 묻은 것을 보는 꿈은?**

【해설】 : 아내가 간통하고 악한 일이 일어난다.

❖ **휘장같은 침구가 떨어지고 파괴되는 꿈은?**

【해설】 : 처자가 병든다.

❖ **짚 자리 깐 곳에 들어가는 꿈은?**

【해설】 : 길하고, 이런 곳에서 나가면 불길하다.

❖ 담요 이부자리 등을 까는 꿈은?

【해설】 : 만사가 안온해진다.

❖ 새로 발을 장만한 꿈은?

【해설】 : 좋은 아내를 얻는다.

❖ 침실에 깐 자리를 파괴하여 보는 꿈은?

【해설】 : 관직을 잃고 실직하므로 조심해야 한다.

❖ 병풍을 본 꿈은?

【해설】 : 장사에 이롭게 한다.

❖ 병풍을 둥글게 둘러 쳐 보이는 꿈은?

【해설】 : 친척중에 병으로 곤란을 받는 자가 있다.

❖ 솥이나 냄비가 깨지는 꿈은?

【해설】 : 흉몽이라 집안에 상사가 생긴다.

❖ 솥에 끓이는 물건이 넘치는 꿈은?

【해설】 : 큰 재물이 생긴다.

❖ 구리쇠로 만든 냄비를 보는 꿈은?

【해설】 : 구설수가 있다.

❖ 냄비나 술잔 또는 소반 등이 깨져 보이는 꿈은?

【해설】 : 흉하니 만사에 조심하고 소극적으로 하라.

❖ 숟갈을 보는 꿈은?

【해설】 : 처첩과 자손이 많아진다.

❖ 화로나 화저를 보는 꿈은?

【해설】 : 의논하던 일이 성사된다.

❖ 타인에게서 큰 물통을 받는 꿈은?

【해설】 : 전답이 생길 길몽이다.

❖ 나무를 패는 도끼를 본 꿈은?

【해설】 : 전답이 생길 길몽이다.

❖ 쟁반 등을 보는 꿈은?

【해설】 : 재산이 늘어간다.

❖ 물통에 물이 없는 꿈은?

【해설】: 흉하니 손재주가 있고 기타 여의치 못하니 부디 소극적으로 행동하라.

❖ 물통에 물이 많이 있어 보이는 꿈은?

【해설】: 길하니 재수가 좋다.

❖ 쇠 장도리 또는 끌을 보는 꿈은?

【해설】: 해를 입게 된다.

❖ 톱을 보는 꿈은?

【해설】: 흉하고 난처한 일이 생긴다.

❖ 끌을 보는 꿈은?

【해설】: 일을 만들더라도 반드시 후회하는 일이 생긴다.

❖ 바둑을 두는 꿈은?

【해설】: 귀인에게 선발되어 잘될 징조.

❖ 새끼를 끊는 꿈은?

【해설】: 나쁘니 조심할 것. 일이 항상 될 듯하다가 안된다.

❖ 바늘과 실을 얻는 꿈은?

【해설】: 모든 일이 길하다.

❖ 실을 바늘에 꿰어보는 꿈은?

【해설】: 주인에게 은혜와 귀여움을 받으며 길한 일이 많다.

❖ 바늘이 옷에 붙어서 몸에 찔리는 꿈은?

【해설】: 아내가 외간 남자와 간통할 마음이 있다.

❖ 솥을 얻는 꿈은?

【해설】: 금은을 얻게 된다.

❖ 남이 빗자루를 주워보이는 꿈은?

【해설】: 관인은 관직이 올라가고 보통인은 가업이 번창하거나 또는 좋은 아내를 얻는다.

❖ 저울같은 것을 본 꿈은?

【해설】: 장사하는 사람에게 좋고 재수가 대통한다. 다만 저울은 소송을 얻기 쉬우니 조심해야 한다.

❖ 병이나 항아리를 본 꿈은?

【해설】 : 길하고 수명이 길어진다.

❖ 비가 해져 보이는 꿈은?

【해설】 : 집이 가난해진다.

❖ 차도구를 본 꿈은?

【해설】 : 집이 가난해진다.

❖ 거문고, 피리, 장구 등의 악기를 본 꿈은?

【해설】 : 의외의 허명이 생긴다. 그러나 전문가인 음악가가 꾸
면 무방하다.

❖ 낚시 도구를 만들거나 또는 얻는 꿈은?

【해설】 : 일이 안정되지 못하며 또 물가에 가면 각별 조심해라.
물에 빠질 수가 있다.

❖ 부채를 얻는 꿈은?

【해설】 : 행운이 점점 열린다. 그러나 부채를 잃으면 처자와
이별할 수다.

❖ 바둑두고 장기두는 꿈은?

【해설】 : 소송사가 일어난다. 만사를 신중히 할 것이며 경솔히
하면 안된다.

❖ 멍하니 돌위에 서 있거나 헝크러져 있는 실을 푸는 꿈은?

【해설】 : 일이 급히 진전되지 않는다. 그러나 그렇다고 해서
새로 딴 것을 계획하거나 급히 하면 안되고 도리어
실패한다.

❖ 자신을 검은 천으로 덮거나 가린 꿈은?

【해설】 : 사람이 죽었을 때 천으로 사람을 덮은 것과 같이 여
러가지 좋지 않은 일에 휘말리게 된다.

❖ 객지에 나가 있는 식구가 기별도 없이 방문을 열고 빠끔히 들여
다본 꿈은?

【해설】 : 꿈 속에 보였던 그 사람이 집을 찾아오게 된다.

❖ 누군가가 자기 앞에 엎드린 꿈은?

【해설】: 자기가 시키는대로 순순히 응해줄 사람을 만나게 되 거나 누구든지 해낼 수 있는 일거리를 하청받게 된 다.

❖ 성문, 방문 등 각종의 문을 열고 안쪽을 살핀 꿈은?

【해설】: 사업상의 일로 남이 소유하고 있는 사업장을 방문하 거나 재정상태 등을 조사할 일이 생긴다.

❖ 누군가를 엎어놓고 위에서 누른 꿈은?

【해설】: 사업이나 기타 여러가지 경쟁에서 승리한다.

❖ 애인이 창문을 열고 밖을 내다본 꿈은?

【해설】: 그녀와 더욱 뜨겁게 사랑하게 된다.

❖ 헝겊조각이나 신문지 등 하찮은 물건으로 얼굴을 덮은 꿈은?

【해설】: 어떤 사건의 죄를 뒤집어쓰거나 자유가 구속되는 등 일신상의 일이 일어나게 된다.

❖ 엎드려 있는 사람을 젖힌 꿈은?

【해설】: 쉽게 처리할 수 있는 일에 손을 대나 갈수록 어려워 진다.

❖ 조상이 대문 안으로 들어온 꿈은?

【해설】: 기울던 가문이 트이기 시작해서 하는 일마다 성공을 거둔다.

❖ 피리를 분 꿈은?

【해설】: 상대방의 마음을 동요시키고 남을 부추기어 소문을 내게도 된다.

❖ 피아노를 힘있게 쳐서 멜로디가 울려퍼진 꿈은?

【해설】: 자신이 소원했던 일이 충족되고 명성을 얻게 된다.

❖ 남이 신음소리를 내고 비명을 지르는 모습이 무척 애처롭게 생각된 꿈은?

【해설】: 다른 사람으로 인해서 마음이 언짢아진다.

❖ 낮은 언덕 밑에서 노래한 꿈은?

【해설】: 부모님에게 어떤 화근이 생긴다.

❖ **연주를 하다가 중도에 악기줄이 끊어진 꿈은?**

【해설】 : 하고 있는 일이 중도에 실패하거나 연인들이 이별을 하게 된다.

❖ **노랫소리가 계속해서 들려온 꿈은?**

【해설】 : 어떤 소문이나 작품이 계속해서 널리 알려진다.

❖ **합창단에 소속되어 노래를 부른 꿈은?**

【해설】 : 공동성명, 단체적인 모임 등에 가담할 일이 생긴다. ·

❖ **남의 노랫소리를 듣는 꿈은?**

【해설】 : 제3자가 자기에게 호소하거나 자신의 주장이 남에게 불쾌감을 안겨준다.

❖ **자신이 나팔을 분 꿈은?**

【해설】 : 상대방의 마음을 움직여 권세나 명성을 떨친다.

❖ **수화기를 붙잡고 웃거나 짜증을 낸 꿈은?**

【해설】 : 상대방을 제압하거나 자기의 소원이 충족된다.

❖ **새로 라디오를 사온 꿈은?**

【해설】 : 어떤 기관에 청탁한 일이 순조롭게 이루어진다.

❖ **자기 집에 전선줄을 설치한 꿈은?**

【해설】 : 어떤 기관을 통해서 많은 협조를 구하게 된다.

❖ **요란한 전화벨 소리를 들은 꿈은?**

【해설】 : 외부로부터 뉴스거리나 새로운 소식을 듣게 된다.

❖ **키를 두드려 전문을 발신한 꿈은?**

【해설】 : 명령을 하달받거나 통신 등의 수단으로 누구에겐가 소식을 전할 일이 생긴다.

❖ **새로 구입한 텔레비젼을 설치한 꿈은?**

【해설】 : 어떤 기관을 통해서 자기를 선전 하거나 가전 제품을 바꿔 놓는다.

❖ **높은 곳에 전화기가 매달려 있어 전화를 걸지 못하는 꿈은?**

【해설】 : 남에게 부탁할 일이 뜻대로 이루어지지 않는다.

배와 자동차의 꿈

❖ 자기가 탄 배가 하늘을 날아다니는 꿈은?

　【해설】: 크게 부귀를 할 수.

❖ 배 가운데 물이 있어 보이는 꿈은?

　【해설】: 재물을 얻는다.

❖ 배를 타고 강을 건너는 꿈은?

　【해설】: 관직이나 좋은 스승을 만난다.

❖ 배를 타고 일월을 보는 꿈은?

　【해설】: 관직을 얻는다.

❖ 배를 타고 술을 마시는 꿈은?

　【해설】: 멀리에서 친구가 온다.

❖ 1목을 본 꿈은?

　【해설】: 매사가 진척되지 않는다. 부디 서두르지 말고 천천히
　　　　　착실하게 해라.

❖ 배가 물위에 떠서 나를 바라보고 오는 꿈은?

　【해설】: 행운이 열린 수다. 더구나 보배를 실고 오는 배라면

만사 뜻대로 되며 자손 번창한다. 다만 돛을 단 배가
내 앞을 지나가는 것은 좋지 않다.

❖ **배가 바다 한 가운데 떠 있는 꿈은?**
【해설】 : 남녀간에 아직 마음이 들떠 있는 것이므로 조심하고
　　　　마음을 진정하면 행운이 찾아온다.

❖ **닻을 본 꿈은?**
【해설】 : 안정 유망의 징조이며 여인이라면 애인을 얻는다.

❖ **놀잇배를 타고 선유하는 꿈은?**
【해설】 : 매사에 속히 서두르지 않으면 성사 못한다. 나룻배를
　　　　타는 것도 마찬가지이다.

❖ **병자와 같은 배에 타 보이는 꿈은?**
【해설】 : 죽을 수가 있으니 조심하라.

❖ **가족이 모두 배를 타는 꿈은?**
【해설】 : 재산이 탕진된다.

❖ **몸이 배 가운데 있어 보이는 꿈은?**
【해설】 : 그 사람이 죽는다. 모든 것을 조심해야 한다.

❖ **배는 뒤집히고 풍랑이 심한 꿈은?**
【해설】 : 흉하니 여자로 인하여 고생할 것이요, 또 타인 특히
　　　　손아랫사람에게 사기를 당한다.

❖ **차 바퀴가 파괴되는 꿈은?**
【해설】 : 부부간이 이별한다.

❖ **차 바퀴대가 부러지는 꿈은?**
【해설】 : 재산이 탕진된다.

❖ **차를 탔는데 가지 않는 꿈은?**
【해설】 : 구하는 바를 얻지 못한다.

❖ **차를 타고 유람 다니는 꿈은?**
【해설】 : 관직이 승진된다.

❖ **수레를 타고 문으로 들어오는 꿈은?**
【해설】 : 흉몽이니 매사에 조심하라.

❖ 차에 타고 꽃을 구경하며 꽃놀이를 하는 꿈은?

　【해설】: 주식이 생긴다.

❖ 가마 등 탈 것을 구하는 꿈은?

　【해설】: 운수가 열릴 징조.

❖ 가마를 타는 꿈은?

　【해설】: 불길하며 처자와 이별할 수다. 가마를 타고 문으로 들어오는 꿈은 흉하고 가마 가운데 사람이 없는 것도 또한 불길하며 근심이 그칠 사이가 없다. 다만 가마가 엎어지는 꿈만은 좋고 출세한다.

❖ 명산고적을 유람하는 꿈은?

　【해설】: 오랫동안 만나지 못했던 친구를 만나거나 고향 소식을 듣는다.

❖ 극장이나 기타 구경거리를 관람하는 꿈은?

　【해설】: 허명만 높고 소득이 없으며 친한 사람과 윗사람에게 버림을 받게 된다.

❖ 청루나 기생방에서 회롱하고 노는 꿈은?

　【해설】: 양기 부족병이 생기고 또 그 병에 따르는 여병이 생기기 쉬우니 조심하라.

❖ 술마시고 유흥하는 꿈은?

　【해설】: 후회할 일이 생기고 또 배에 병이 생기게 된다.

❖ 들것을 두 사람이 마주 잡고 있는 꿈은?

　【해설】: 서로가 사소한 일로 의견충돌이 있게 된다.

❖ 들것을 타고 가는 꿈은?

　【해설】: 협조자의 도움으로 자신의 지위가 높아진다.

❖ 처녀가 고목나무가지에서 그네를 타는데 노인도 다른 가지에서 그네를 타고 있는 꿈은?

　【해설】: 자신이 원했던 큰 기업체에서 자기 능력을 마음껏 발휘하게 된다.

❖ 경사진 곳을 자전거를 타고 오르는 꿈은?

【해설】 : 어떤 일을 추진하는데 장해물이 많이 따라 어려움을 겪게 된다.

❖ 병자나 노인이 가마를 타고 사라져 버린 꿈은?

【해설】 : 가정에 화근이 생기게 된다.

❖ 마차를 타고 자신이 왕비나 왕자가 된 것처럼 호위를 받으며 거리를 달리는 꿈은?

【해설】 : 어떤 단체의 우두머리가 되거나 지위가 높아진다.

❖ 케이블카나 엘리베이터를 타고 오르내렸던 꿈은?

【해설】 : 어떤 단체에서 중개 역할을 하게 된다.

❖ 기분이 좋아서 자가용을 운전하는 꿈은?

【해설】 : 어떤 기업체를 운영해 나가거나 지휘권을 갖게 된다.

❖ 많은 사람이 차 둘레에 몰려 있는 꿈은?

【해설】 : 어떤 기업체에 많은 사람이 청원하거나 시비가 있게 된다.

❖ 자기집 분뇨를 분뇨차가 퍼간 꿈은?

【해설】 : 어떤 재물의 손실이 있거나 세금을 납부하게 된다.

❖ 차바퀴에 펑크가 나서 고친 꿈은?

【해설】 : 하고 있는 일을 다시 한번 재검토 한다.

❖ 자신이 승차한 차가 수렁에 빠진 꿈은?

【해설】 : 사업이 운영난에 빠져 허덕이게 된다.

❖ 비행기가 착륙해서 자가용으로 변한 꿈은?

【해설】 : 국영기업체가 어떤 전환기에 개인 기업체로 바뀌는 것을 뜻한다.

❖ 비행접시나 인공위성을 타고 다닌 꿈은?

【해설】 : 좀 더 부귀로운 고급 기관에서 생활하게 된다.

❖ 적기와 아군기가 공중전을 하는 걸 본 꿈은?

【해설】 : 자기 세력이나 남에 의해서 방해적인 여건을 물리친다.

❖ 비행기가 목격하는 것을 본 꿈은?

【해설】 : 자기의 일을 변경시키거나 개선을 꾀한다.

❖ 적기를 격추시킬 수 있었던 꿈은?

【해설】: 자기가 계획한 일이나 소원이 협조자에 의해서 무난히 성취된다.

❖ 비행기가 공중에서 폭파되거나 추락한 꿈은?

【해설】: 자기의 신변이 새롭게 바뀐다.

❖ 편대비행기를 하는 것을 본 꿈은?

【해설】: 자기 사업이 계획성 있게 잘 추진되어 간다.

❖ 자신의 뒷모습을 기자가 비행기에서 촬영한 꿈은?

【해설】: 어떤 공공단체에서 자기의 신변에 관해서 조사한다.

❖ 물건을 비행기가 실어다 준 꿈은?

【해설】: 어떤 단체에서 책임을 지어주거나 일거리를 가져다 준다.

❖ 철길을 여러개 지나거나 기차 밑을 지나간 꿈은?

【해설】: 어려운 난관을 지혜롭게 잘 극복해 나간다.

❖ 여러 대의 자가용이 자기집 마당에 정차되어 있는 꿈은?

【해설】: 사업상 협조자가 많이 있음을 나타낸다.

❖ 분뇨차가 냄새를 풍기면서 옆을 지나간 꿈은?

【해설】: 어떤 기관에서 좋지 않은 소문을 퍼뜨리거나 자기 신변에 관한 소문이 난다.

❖ 대통령의 전용기를 공무원이 탄 꿈은?

【해설】: 정부 기관이나 고위층 간부급에 발탁되어 승진한다.

❖ 풍선이 떴던 위치에 수송기가 날아온 꿈은?

【해설】: 어떤 사업을 시작하는데 협조자의 도움을 많이 받는다

❖ 차에 휘발유를 넣는 꿈은?

【해설】: 사업 자금을 많이 투자하게 된다.

❖ 차가 강물에 떠내려가 사라진 꿈은?

【해설】: 어떤 강한 세력의 압력에 밀려 사업기반을 잃게 된다.

❖ 교통사고가 나서 죽거나 다친 것을 본 꿈은?

【해설】: 자기와 밀접한 관계에 있는 사람에게 평범 이상의 일

이 생기게 된다.

❖ **트럭에 이삿짐을 싣는 것을 본 꿈은?**

【해설】 : 어떤 기관에서 많은 일을 부탁하거나 사업을 새롭게 변경할 생각을 갖게 된다.

❖ **버스를 운전사와 자신만 타고 간 꿈은?**

【해설】 : 어떤 방해적인 여건, 시비의 대상이 없이 자기 권한을 마음대로 과시하게 된다.

❖ **차를 탄 채 자기 집으로 들어온 사람을 본 꿈은?**

【해설】 : 어떤 단체의 대표가 자기와 여러가지 일로 타협하게 된다.

❖ **기차가 철로 위를 마음껏 달린 것을 본 꿈은?**

【해설】 : 하고 있는 일의 순리대로 잘 진행되어 간다.

❖ **애인과 함께 차를 타고 드라이브 한 꿈은?**

【해설】 : 애인이 생기게 되며 혼담이나 결

도검의 꿈

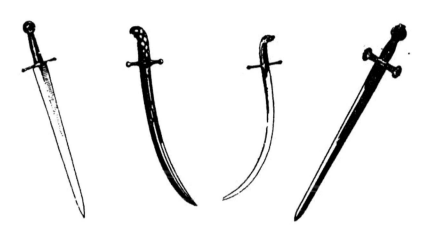

❖ 칼이 물속에 떨어지는 꿈은?

   【해설】: 처첩이 죽게 된다.

❖ 긴 칼을 본 꿈은?

   【해설】: 처첩이 싸운다.

❖ 칼을 빼들고 나들이를 하는 꿈은?

   【해설】: 만사가 모두 재수 있다.

❖ 칼을 차고 먼길을 가는 꿈은?

   【해설】: 재물을 얻는다.

❖ 여자가 큰 칼을 찬 꿈은?

   【해설】: 대길하다.

❖ 여자가 칼을 빼어든 꿈은?

   【해설】: 운수가 대통하다. 칼이나 창을 날카롭게 갈아보이는
            꿈은 재수가 대통한다.

❖ 칼이 침상 머리맡에 놓여 있는 꿈은?

   【해설】: 백사가 길하다.

❖ 남에게 도끼를 얻는 꿈은?

【해설】: 길하며 관직이 올라간다.

❖ 창이나 방패에 빛과 광채가 나 보이는 꿈은?

【해설】: 지위와 식록이 높아진다.

❖ 깃발 등속을 보는 꿈은?

【해설】: 크게 귀하게 된다.

❖ 몸에 갑옷을 입어 보는 꿈은?

【해설】: 모든 일이 대길하다.

❖ 북을 쳐서 소리가 나는 꿈은?

【해설】: 먼 곳에서 친한 사람이 오거나 좋은 소식을 듣게 된다.

❖ 종이나 북이 크게 소리나는 꿈은?

【해설】: 식록과 관직이 올라간다.

❖ 종이 저절로 울리는 꿈은?

【해설】: 먼 곳에서 소식이 온다.

❖ 종을 때려도 소리가 안나는 꿈은?

【해설】: 흉하다.

❖ 창, 칼, 군대행렬 등 병장기 같은 것을 본 꿈은?

【해설】: 모든 일에 조심하고 큰 소리가 나지 않도록 조심해야
한다.

❖ 칼을 구하는 꿈은?

【해설】: 장사하는 사람에게 이익이 있다.

❖ 통틀어 도검이란 꿈은?

【해설】: 예리한 것일수록 복록과 무사평안함을 가져다 준다.

문무기구(책)의 꿈

❖ 오색이 영롱한 경서를 본 꿈은 ?

　【해설】: 크게 부귀해진다.

❖ 오색종이를 얻거나 갖게 되는 꿈은 ?

　【해설】: 큰 재물을 얻는다.

❖ 달력이나 일력 또는 책을 얻는 꿈은 ?

　【해설】: 수명이 장수한다.

❖ 점쟁이에게 점치는 꿈은 ?

　【해설】: 그 사람이·병을 앓게 된다.

❖ 책상위에 책이 있는 꿈은 ?

　【해설】: 복스런 위치에 나아간다.

❖ 열심히 글을 읽어보는 꿈은 ?

　【해설】: 귀자를 얻을 징조.

❖ 남에게서 책을 받거나 가르쳐 주는 꿈은 ?

　【해설】: 부귀할 징조.

❖ 벼루를 보는 꿈은 ?

【해설】: 수한다.

❖ 먹을 보는 꿈은?

　【해설】: 귀인을 만나게 된다.

❖ 남이 나에게 먹을 주는 꿈은?

　【해설】: 문장이 진전되고 글공부가 많이 발전하게 된다.

❖ 붓에 꽃이 피는 꿈은?

　【해설】: 문장으로 명망이 높아질 징조.

❖ 증서 수형 같은 것을 보는 꿈은?

　【해설】: 친척이 서로 다투게 된다. 그러나 증서를 태우는 꿈은 주식이 생긴다.

❖ 모든 사람을 거느리고 도적을 물리치는 꿈은?

　【해설】: 바라던 것을 얻게 되고 소원을 달성한다.

❖ 군졸을 거느리고 행진하는 꿈은?

　【해설】: 기쁜 일이 생긴다.

❖ 적을 물리치는 꿈은?

　【해설】: 길하고, 물리치지 못하면 흉하다.

❖ 내가 남을 활로 쏘아 보는 꿈은?

　【해설】: 내가 먼 길을 가게 되고 남이 나를 활로 쏘는 꿈은 먼 곳에서 사람이 찾아온다.

❖ 화살이 비오듯 하는 꿈은?

　【해설】: 좋은 보배를 얻게 되며 내가 화살에 맞는다면 입신출세 한다.

❖ 남이 나에게 궁노를 보내는 꿈은?

　【해설】: 남의 도움을 받게 된다.

❖ 활시위를 당겼을 때 활이 부러지는 꿈은?

　【해설】: 대단히 흉몽이다.

❖ 화살이 부러지는 꿈은?

　【해설】: 경영하는 일이 성사되지 않는다.

❖ 활과 화살을 가져보는 꿈은?

【해설】: 만사가 형통한다.

❖ 화살 시위줄이 끊어지는 꿈은?

【해설】: 형제가 흩어질 징조.

❖ 공을 치는 꿈은?

【해설】: 농사짓고 씨를뿌리는 일에 길하다.

❖ 글씨를 쓰거나 작문을 한 꿈은?

【해설】: 자신의 모든 걸 숨김없이, 송두리째 남에게 보여줄 일이 생기게 된다.

❖ 수갑을 찬 채 경찰관에게 끌려간 꿈은?

【해설】: 예술가인 경우는 자기의 작품이 사람들에게 능력을 받게 되나 일반인인 경우는 기관으로부터 어떤 간섭을 받게 된다.

❖ 작문시험을 보던 중 답안지를 시험감독관에게 바친 꿈은?

【해설】: 자신의 신원조회를 받게 되거나 힘있는 사람에게 협조를 구하게 된다.

❖ 애인에게 시를 낭독해준 꿈은?

【해설】: 애인에게 자신의 사랑을 다시 한번 확인시켜 주게 된다.

❖ 필기구를 꼭 쥐고 소중하게 생각했던 꿈은?

【해설】: 계획을 세워놓았던 어떤 일이 결실을 맺게 된다.

❖ 뱀이 자기의 몸뚱이를 칭칭 감았던 꿈은?

【해설】: 이성과 육체적인 결합을 하게 되거나 총각·처녀는 결혼날짜를 잡게 된다.

❖ 자기의 필체에 대해 좋은 평가를 받은 꿈은?

【해설】: 정부 당국의 지시대로 따르지 않으면 큰 화를 면치 못하게 된다.

❖ 누군가를 꽁꽁 묶어서 끌고다녔던 꿈은?

【해설】: 심복이 될만한 인물을 고용하게 되거나 상품을 탈 일이 생긴다.

❖ 칠판에 그림을 그려놓고 사람들에게 따라서 그리라고 한 꿈은?

【해설】: 부하 직원이나 자신을 따르는 사람들에게 어떤 일을 따로따로 떼어서 시키게 된다.

❖ 학우들과 함께 수학여행을 한 꿈은?

【해설】: 여러 사람이 협력해서 해야 하는 일에 종사할 일이 생긴다.

❖ 여행을 하는 도중에 많은 우여곡절을 겪은 꿈은?

【해설】: 평소 원하던 것이 이루어지거나 사업체도 크게 번창하게 된다.

❖ 가게에서 물건을 산 꿈은?

【해설】: 어떤 일거리를 불하받았을 때 꿈 속에서 산 물건의 대소에 따라 그만큼의 이익을 얻게 된다. 즉 물건을 많이 샀을 때 많은 이익을 얻게 되는 것이다.

❖ 교통수단을 이용했는데 사고를 당한 꿈은?

【해설】: 주위 환경에서 큰 변화가 일어나는데 그 변화가 자신에게는 큰 이득을 가져다 준다.

❖ 어떤 형태로든 집을 떠나 여행을 한 꿈은?

【해설】: 사업이나 직장의 일, 대인관계 등의 일과 관계하게 된다.

❖ 정신이 아찔할 정도로 어딘가에 강하게 부딪힌 꿈은?

【해설】: 대립돼 있던 감정이 풀리거나 상대방과 서로 합의할 일이 생긴다.

❖ 교통사고를 당한 꿈은?

【해설】: 자신의 주장이 채택되거나 상급기관에 청탁한 일이 좋은 결과를 가져온다.

❖ 어떤 사람에게 물건을 판 꿈은?

【해설】: 어떤 단체나 개인에게 헌신적으로 봉사할 일이 생기게 된다.

❖ 자신이 관직에 근무하는 사람이 순찰을 돈 꿈은?

【해설】 : 내근에서 외근으로 부서를 바꾸거나 오지로 발령을
받게 된다.

❖ 어떤 사람이 무거운 물건에 짓눌려 있는 것을 본 꿈은?

【해설】 : 자신과 직접·간접으로 연결돼 있는 일의 매듭이 풀
려 좋은 성과를 얻게 된다.

❖ 시험 감독관 앞에서 답안지를 작성한 꿈은?

【해설】 : 신원조회를 받거나 불신검문을 받게 된다.

❖ 구술시험을 본 꿈은?

【해설】 : 사업상의 일 등으로 사람을 만나 논쟁을 벌일 일이
생긴다.

❖ 시험에 떨어져서 슬퍼하거나 많은 사람들로부터 질책을 받은
꿈은?

【해설】 : 어떤 일이든 순조롭게 진행되며 시험칠 일이 있으면
무난히 합격한다.

❖ 시험에 떨어진 것을 확인하고 집으로 돌아오다 꿈이 ろ 꿈은?

【해설】 : 시험을 치르면 수석을 하거나 우수한 성적으로 합격
하게 된다.

❖ 시험감독관에게 작성한 답안지를 제출한 꿈은?

【해설】 : 전근을 가게 되거나 직장을 옮기게 된다.

❖ 합격자 발표를 하는데 자신의 이름이 유난히 돋보인 꿈은?

【해설】 : 수석으로 합격하게 된다.

❖ 시험을 치르는데 필기구가 없어서 마음을 졸였던 꿈은?

【해설】 : 시험에도 떨어지고 취직이 되지 않아 의기소침해진다.

❖ 많은 이야기를 한 꿈은?

【해설】 : 실질적으로 많은 말을 해야 할 일이 생긴다.

❖ 사촌이 성혼을 했다는 소식을 들었던 꿈은?

【해설】 : 가까운 사람이 동거생활에 들어갔다는 사실을 알게
된다.

❖ 군중들의 앞에서 열렬하게 웅변을 토한 꿈은 ?
【해설】 : 어떤 단체에 가입해 기반을 닦게 되고 작품 등을 발
표하게 된다.

❖ 하늘에서 무슨 말인가가 들렸던 꿈은 ?
【해설】 : 사람의 입을 통해서나 우편물 등으로 획기적인 사실
을 알게 된다.

❖ 연설을 하는 도중에 모였던 군중들이 흩어져 버린 꿈은 ?
【해설】 : 자신의 계획에 동조해 줄 사람이 많아서 무슨 일을
하든 무난히 처리된다.

❖ 아무도 없는 산꼭대기에서 연설을 한 꿈은 ?
【해설】 : 세상 사람들이 크게 놀랄만한 일을 혼자서 쉽게 처리
한다.

❖ 시험 때문에 몹시 괴로워했던 꿈은 ?
【해설】 : 풀리지 않는 일을 풀려고 노력하지만 그러면 그럴수
록 꼬이기만 한다.

❖ 공을 서로 주고받는 꿈은 ?
【해설】 : 어떤 시비거리로 상대편 마음과 서로 엇갈린다.

❖ 마라톤에서 꼴찌로 달리고 있는 꿈은 ?
【해설】 : 하고 있는 일이 순리대로 풀리고 안전하다.

❖ 자기 나라의 선수가 국제경기에서 승리한 꿈은 ?
【해설】 : 단체 경기, 작품 응모, 사업 등에서 자기편 주장이
어떤 어려움도 뚫고 나가서 목적을 달성한다.

❖ 야구경기에서 자기편 선수가 홈런을 때린 꿈은 ?
【해설】 : 어떤 일을 해도 장해물없이 잘 해결된다.

❖ 관중석에 관람자가 아무도 없는 꿈은 ?
【해설】 : 어떤 복잡한 문제라도 어려움 없이 해결하고 스스로
판단한다.

❖ 경기장에서 도수 체조를 한 것을 본 꿈은 ?
【해설】 : 사업이나 학문적 발표 등에 잘 호응해 줄 사람들을

보게 된다.

❖ **마라톤에서 일등으로 들어온 꿈은?**

【해설】: 사상, 사업, 진급 등에 승리하고 명예를 얻는다.

❖ **자신의 구령에 맞춰 여러 사람이 체조를 하는 꿈은?**

【해설】: 자기의 지휘 능력이나 여러 사람이 협조를 잘 한다.

❖ **다른 사람이 넘겨준 릴레이바톤을 받아 힘껏 뛴 꿈은?**

【해설】: 어떤 단체나 개인 사업, 학문 등을 인수받아 줄 운영
해 나간다.

❖ **우승을 해서 많은 사람 앞에서 상장을 받은 꿈은?**

【해설】: 사회적으로 손꼽힐만한 회사로 취직되거나 전근가게
된다.

❖ **검도나 펜싱을 시합한 꿈은?**

【해설】: 상대방과 열띤 논전을 벌일 일이 있게 된다.

❖ **외국팀과 축구 시합을 하는데 우리 선수들이 승리한 것을 본 꿈은?**

【해설】: 자기가 내세운 주장이 어떤 어려움도 극복하고 목적
을 달성한다.

❖ **메달, 우승컵, 상금, 우승기를 탄 꿈은?**

【해설】: 어떤 난관을 극복한 다음 소원이나 계획한 일이 성취
된다.

❖ **자신이 아닌 남이 일등으로 달리는 꿈은?**

【해설】: 사업 성과를 많은 사람들 앞에서 발표한다.

용과 뱀, 들짐승의 꿈

❖ 꿈에 용을 본 꿈은?

【해설】: 대길하며 입신출세한다. 또 임신한 부인이 이 꿈을 얻는다면 반드시 귀한 자식을 낳는다. 특히 용이 하늘에 오르는 꿈은 가장 길하며 만사가 형통하고 재산도 생기고 출세도 한다.

❖ 소에 관한 꿈은?

【해설】: 사람의 동일시, 집안 식구의 누구, 집재산, 작품, 사업체, 고용인, 협조자, 특권, 돈, 기타 사건과 관계된 일거리.

❖ 용이 물가운데 잠자고 있는 모습을 보는 꿈은?

【해설】: 일이 잘 안 된다.

❖ 너구리에 관한 꿈은?

【해설】: 여우와 동일한 해석이 가능.

❖ 용을 타고 산에 올라가는 꿈은?

【해설】: 소원성취한다.

❖ **하늘에서 용이 내려오는 꿈은?**
【해설】: 권세, 지위, 명성 등의 몰락하고 힘든 일이 성사되기도 한다.

❖ **용을 두팔로 꼭 껴안고 있는 꿈은?**
【해설】: 일거리가 많이 들어오고, 뜻밖의 사람을 만나게 된다.

❖ **용이 바다에서 승천하는 꿈은?**
【해설】: 사회적 기반으로 인하여 성공할 발판이 마련된다.

❖ **용을 타고 하늘을 날으는 꿈은?**
【해설】: 권세가가 되며 시험합격, 소원성취 등이 이루어진다.

❖ **구름 속의 용이 큰 소리로 울부짖는 꿈은?**
【해설】: 사업에 크게 성공하여 사람들을 놀라게 한다.

❖ **승천하려는 용의 꼬리를 붙잡았다가 놓치는 꿈은?**
【해설】: 꼬이기만하던 일이 풀리게 되고 출세할 사람과 만나게 된다.

❖ **용이 대문으로 들어오는 꿈은?**
【해설】: 귀한 사람이 찾아오거나 하는 일이 순조롭게 풀린다.

❖ **무기를 사용해서 용을 죽이는 꿈은?**
【해설】: 장애물을 제거하고 하고자 하는 일을 성취하게 된다.

❖ **용이 사람을 물어죽이는 꿈은?**
【해설】: 권세가에 의해서 일이 성사되거나 반대로 어떤 사람의 파탄을 보게 된다.

❖ **용이 승천하는데 희미하게 보이는 꿈은?**
【해설】: 한때 세인의 주목을 받지만 곧 잊혀지게 된다.

❖ **이무기가 용이 되어 구름 속에서 불덩이 두개를 떨어뜨린 꿈은?**
【해설】: 자손이 크게 성공해서 세상을 놀라게 하고 업적을 남길 것이다.

❖ **동물의 뿔이 여러 개 난 꿈은?**
【해설】: 여러 방면으로 실력 발휘를 하여 인정을 받게 된다.

❖ 사슴을 죽이는 꿈은?
  【해설】 : 소원성취가 이루어진다.
❖ 저녁에 여우 울음소리가 들리는 꿈은?
  【해설】 : 불길한 소식을 듣게 된다.
❖ 호랑이를 끌고 다니는 꿈은?
  【해설】 : 사람들을 마음대로 움직이게 하거나 큰 일을 성사시
       킨다.
❖ 호랑이가 사자를 타고 달리는 꿈은?
  【해설】 : 권력자, 공공단체 등의 도움을 받는다.
❖ 토끼만한 동물이 점차 커져서 호랑이가 된 꿈은?
  【해설】 : 작은 일부터 시작하여 점차 번창해진다.
❖ 사방에서 호랑이가 개처럼 졸졸 쫓아다닌 꿈은?
  【해설】 : 남에게 도움을 받거나 계획한 일을 추진해 나간다.
❖ 사자나 호랑이가 자기 앞에 앉아 있는 꿈은?
  【해설】 : 여러 계층의 사람들을 굴복시킨다.
❖ 들판에서 여러 마리의 호랑이나 사자가 어울려 노는 꿈은?
  【해설】 : 어떤 단체에서 지식인이 많은 것을 보거나 책을 읽을
       일이 있다.
❖ 호랑이나 사자가 우는 소리를 듣는 꿈은?
  【해설】 : 남의 이목을 한꺼번에 받는다.
❖ 호랑이를 타고 가다 다른 동물로 바꿔 탄 꿈은?
  【해설】 : 맡고 있는 일을 그만두거나 다른 데로 옮긴다.
❖ 사자나 호랑이 등의 맹수와 싸워서 이긴 꿈은?
  【해설】 : 하고 있는 일이 뜻대로 성사된다.
❖ 집안으로 호랑이가 들어온 꿈은?
  【해설】 : 이것이 태몽이라면 세인의 이목을 받을 자손이 된다.
❖ 궁궐 같은 집으로 호랑이를 탄 채 들어간 꿈은?
  【해설】 : 권력자가 되고 재물을 얻는다.
❖ 깊은 산 속에서 사슴을 잡는 꿈은?

【해설】 : 공공단체나 기업체에 가입하게 된다.

❖ **뱀의 몸 속에서 이빨 고치는 약을 구한 꿈은?**

【해설】 : 뜻밖에 생활에 필요한 필수품이 생긴다.

❖ **뱀이 자신을 물고 사라진 꿈은?**

【해설】 : 순간적으로 마음의 상처를 받고 남을 통해서 재물이 생긴다.

❖ **구렁이가 전신을 감는 꿈은?**

【해설】 : 여러 계층의 사람들과 만나게 된다.

❖ **큰 구렁이가 용마루로 들어간 꿈은?**

【해설】 : 이것이 태몽이라면 공공단체의 주도권을 쥐게 될 자손을 얻는다.

❖ **구렁이가 허물을 벗고 사라진 꿈은?**

【해설】 : 자신의 잘못을 뉘우치고 새로운 사람이 된다.

❖ **자기 발을 문 뱀을 그 자리에서 밟아 죽인 꿈은?**

【해설】 : 이것이 태몽이라면 자손에게 나쁜 영향이 미친다.

❖ **뱀이 온 몸을 감고 턱 밑에서 노려 본 꿈은?**

【해설】 : 가까운 사람으로 인해 구속받거나 사소한 말다툼으로 신경을 쓴다.

❖ **전신을 감고 있는 뱀을 죽인 꿈은?**

【해설】 : 어려웠던 난관이 순리대로 풀린다.

❖ **머리가 여러 개인 뱀이 물속에 있는 꿈은?**

【해설】 : 교양 있는 책을 읽거나 귀한 물건을 보게 된다.

❖ **쫓아오던 뱀이 사람으로 탈바꿈한 꿈은?**

【해설】 : 하고 싶지 않은 일을 회피하려고 하지만 어쩔 수 없이 일을 해주게 된다.

❖ **큰 구렁이를 죽여 피가 난 꿈은?**

【해설】 : 장애물을 제거하여 뜻대로 일이 성사된다.

❖ **뱀이 나무의 줄기처럼 길게 늘어져 있는 꿈은?**

【해설】 : 남의 잔꾀에 넘어가기 쉽다.

❖ **뱀과 성교한 꿈은?**

　【해설】 : 계약을 하거나 다른 사람과 동업을 한다.

❖ **산정에서 청구렁이가 몸전체를 아래로 늘어뜨린 꿈은?**

　【해설】 : 이것이 태몽이라면 공공단체에서 우두머리가 될 자손
　　　　　을 얻는다.

❖ **뱀에게 물려 독이 몸에 퍼진 꿈은?**

　【해설】 : 자신을 남에게 과시하거나 재물이 생긴다.

❖ **온몸에 구렁이가 감겨 있는데 호랑이가 바위로 쳐서 토막을 낸
　꿈은?**

　【해설】 : 어떤 세력을 꺾거나 협조자와 더불어 일을 성사시킨다.

❖ **연못 속의 수많은 뱀을 들여다 본 꿈은?**

　【해설】 : 유물, 골동품, 금은보화 등을 얻게 된다.

❖ **큰 구렁이 주위에 뱀들이 우글거리는 꿈은?**

　【해설】 : 권세를 잡거나 사회단체의 주도권을 쥐게 된다.

❖ **구렁이가 자신을 문 꿈은?**

　【해설】 : 제3자에게 도움을 많이 받는다.

❖ **새빨간 뱀이 치마 속으로 들어온 꿈은?**

　【해설】 : 이것이 태몽이라면 건강하고 정열적인 아이를 얻는다.

❖ **수많은 뱀이 길바닥에서 우글거리는 꿈은?**

　【해설】 : 이것이 태몽이라면 남을 가르치는 직업을 가질 자손
　　　　　이다.

❖ **온몸을 감은 뱀이 혓바닥을 날름거리고 있는 꿈은?**

　【해설】 : 악한 사람이 자기에게 피해를 준다.

❖ **기린이 새싹을 뜯어 먹는 꿈은?**

　【해설】 : 사업, 취직 등이 순조롭게 된다.

❖ **죽은 곰의 쓸개를 구한 꿈은?**

　【해설】 : 일이 잘 추진되어 세인의 이목을 한 몸에 받게 된다.

❖ 용과 싸우다 쫓기는 권세가의 꿈은?

【해설】: 뜻한대로 일이 이루어지지 않는다.

❖ 하늘을 향해 용이 말을 하거나 우는 꿈은?

【해설】: 세상에 소문낼 일이나 업적 등이 있다.

❖ 공중에서 용이 담배를 피우는 꿈은?

【해설】: 단체, 기관, 매스컴을 통해서 자신의 활동을 알리며 사회풍조를 쇄신할 일이 생긴다.

❖ 짐승이나 사람의 모습으로 변한 용이 도전을 해오는 꿈은?

【해설】: 사업을 하는데 어려운 고비를 여러번 겪은 다음에 일이 성취된다.

❖ 용이 불을 뿜어 몸이 뜨겁게 느껴지는 꿈은?

【해설】: 권력자의 협조를 받아 하는 일이 쉽게 풀린다.

❖ 울안에서 헤매는 용을 보는 태기가 있는 꿈은?

【해설】: 자손이 초년에는 발전이 있으나 중도에 장애물이 생겨 빛을 못본다.

❖ 동물이 피를 흘리고 비명을 지르며 싸움하는 것을 본 꿈은?

【해설】: 누군가가 회생할 수 없을 정도로 무참하게 몰락하는 것을 목격하게 된다.

❖ 큰 용이 대문에 이르는 꿈?

【해설】: 크게 번창할 일이 생긴다.

❖ 여우에 관한 꿈은?

【해설】: 교활하고 변태적인 사람, 상서롭지 못한 소문거리, 권리, 재물의 상징.

❖ 용을 타고 하늘로 올라가는 꿈은?

【해설】: 귀한 지위를 얻는다. 다만 주의할 것은 이 꿈은 만사를 조심하고 너무 급하게 서두르면 안 된다.

❖ 쌍룡이 몸을 꿈틀거리며 승천하는 꿈은?

【해설】: 자손이 문무겸비한 훌륭한 인물이 되고, 남녀의 결합을 할 기회가 주어진다.

❖ 용에게 귀를 물린 꿈은?

【해설】: 귓병을 앓게 되고 귀머거리가 된다.

❖ 용이 우물 속에 들어가는 꿈은?

【해설】: 관에서 봉변을 당한다.

❖ 물건이 용으로 변해 보이는 꿈은?

【해설】: 귀인의 도움을 받는다.

❖ 이끼가 낀 우물이나 연못의 꿈은?

【해설】: 장애가 되는 사람이나 나쁜 마음을 가진 사람을 멀리 하려고 한다.

❖ 몸이 변해서 용이 된 꿈은?

【해설】: 크게 출세한다. 학자나 출가한 승려는 천하에 그 이름이 나타날 대몽이다. 그러나 자중자게하며 경동하지 말고 천천히 뒷날을 기다려라.

❖ 토끼에 관한 꿈은?

【해설】: 머슴, 식모, 정치가, 기타 선량하거나 신념이 부족한 듯한 어떤 사람이든 동일시 할 수 있음. 작품, 재물, 돈, 이권, 학과 등의 상징.

❖ 부인이 용을 보는 꿈은?

【해설】: 귀한 아들을 낳는다.

❖ 두 마리의 서로 다른 짐승이 서로 물어뜯으며 싸우는 걸 본 꿈은?

【해설】: 두 개의 서로 다른 세력이 단합하거나 원수처럼 지내던 사람과 화해하게 된다.

❖ 뱀이 칼을 삼키는 꿈은?

【해설】: 지위가 높아지고 재물을 얻는다.

❖ 용이 죽은 것을 보는 꿈은?

【해설】: 지위와 신분을 잃는다.

❖ 용이나 이무기를 칼로 베어버리는 꿈은?

【해설】: 길몽이라 만사가 대길하며 재수가 대통한다.

❖ **다람쥐에 관한 꿈은?**

【해설】: 현실에서 따분하고 고달픈 일에 종사하는 사람의 동일시, 일거리의 의사시.

❖ **꿈에 독사를 죽인 꿈은?**

【해설】: 싸움에 이기고 길하다.

❖ **족제비에 관한 꿈은?**

【해설】: 영리하고 현명한 사람의 동일시, 희귀한 학과나 기술, 작품 등의 의사시.

❖ **용이나 뱀이 문에 들어오는 꿈은?**

【해설】: 재물을 얻는 길몽이다.

❖ **뱀종류가 손 발이나 몸에 감기는 꿈은?**

【해설】: 대길하다. 부자가 되거나 귀하게 된다. 다만 감겼던 뱀종류가 풀려서 사라지는 꿈은 점점 가난해질 징조.

❖ **큰 뱀이 사람을 쫓는 꿈은?**

【해설】: 처첩의 마음이 딴 곳으로 변심된다.

❖ **용이나 뱀이 살인하는 꿈은?**

【해설】: 대흉이며 만사를 소극적으로 조심해라.

❖ **사자에 관한 꿈은?**

【해설】: 호랑이와 동일한 해석이 가능함.

❖ **뱀이나 용을 화살로 쏘아 맞추는 꿈은?**

【해설】: 대길이라 만사가 형통한다.

❖ **고양이에 관한 꿈은?**

【해설】: 경찰관, 경비원, 감시원, 사납고 표독하고 앙칼진 사람, 마누라 등의 동일시, 권리. 이권, 작품, 기타 일거리의 상징.

❖ **큰 이무기가 칼 찬 사람을 에워싼 꿈은?**

【해설】: 귀하게 되고 또한 길하다.

❖ **자기가 무서운 날짐승이 되어 약한 가축을 채어갔던 꿈은?**

【해설】: 자기의 권력이 막강해져서 많은 사람들이 따르게 된다.

❖ 봉황새를 보는 꿈은?
　【해설】 : 귀인이 원조해준다.

❖ 공작새를 보는 꿈은?
　【해설】 : 좋은 관직을 얻을 징조이고 또 좋은 인연을 얻어 장
　　　　　가들 징조이며, 또 재물을 얻는다.

❖ 기린에 관한 꿈은?
　【해설】 : 재주와 지혜가 뛰어난 사람, 부귀하고 직급이 높은
　　　　　사람, 특수하고 뛰어난 이미지를 가지는 작품, 일거
　　　　　리의 상징.

❖ 학이 품안에 들어오는 꿈은?
　【해설】 : 귀자를 낳을 징조이다.

❖ 뱀이 사람을 무는 꿈은?
　【해설】 : 큰 재물이 생긴다.
　　　　　의 상징.

❖ 학이 공중에 날으는 꿈은?
　【해설】 : 출세할 길몽이다. 학이 뜰 앞에서 사람과 사귀어 노
　　　　　는 것은 반드시 귀한 자식을 얻는다.

❖ 새로 동일시 된 사람에 관한 꿈은?
　【해설】 : 생이별이나 사이별이 빨라, 권세나, 명예와 관계된
　　　　　표상은 하한에 부재함.

❖ 집에서 먹이던 학을 놓아 보내는 꿈은?
　【해설】 : 재물이 생긴다.

❖ 독수리에 관한 꿈은?
　【해설】 : 억세고 난폭하며 대담하고 권세있는 사람, 큰 일거리
　　　　　나 권세, 작품과 관계된 표상.

❖ 학을 타보는 꿈은?
　【해설】 : 반드시 녹과 지위를 얻는다.

❖ 뱀이 다리를 틀거나 기고 있는 꿈은?
　【해설】 : 남에게 미움을 받거나 병으로 고생할 징조이다.

❖ **파릇파릇한 새싹이 갑자기 동물로 변해서 커가고 있는 꿈은?**
　【해설】: 사업, 작품 등이 점점 진전을 보인다.

❖ **꿈에 앵무새를 본 꿈은?**
　【해설】: 먼곳에서 소식이 있고, 앵무새와 더불어 말하는 꿈이
　　　　면 손윗사람이 병들어 고생하며 사망한다.

❖ **학에 관한 꿈은?**
　【해설】: 도도한 사람, 지조 있는 사람, 선비, 학자의 동일지,
　　　　학업, 명예, 권세, 작품, 일거리의 상징물.

❖ **부녀간에 꿈에 앵무새를 본 꿈은?**
　【해설】: 반드시 구설수가 있다.

❖ **기러기떼에 관한 꿈은?**
　【해설】: 세상에 과시할만한 우수한 작품.

❖ **꿈에 원앙새를 본 꿈은?**
　【해설】: 길몽이다. 다만 원앙이 날아가버리면 처첩에 딴 마음
　　　　이 있고, 부부의 이별수가 있다.

❖ **백조의 꿈은?**
　【해설】: 신체가 건강할 징조이다. 다만 백조가 우는 꿈은 흉
　　　　몽이다.

❖ **새종류가 부인의 품안에 날아드는 꿈은?**
　【해설】: 대개는 잉태 생남할 꿈이다.

❖ **공작새, 봉황새, 금계(金鷄), 백구의 꿈은?**
　【해설】: 모두 길조이고, 귀인을 만나 출세하며 복록이 끊기지
　　　　않는다.

❖ **임신한 부인이 꿈에 학이나 거북을 본 꿈은?**
　【해설】: 반드시 귀한 아들을 낳는다. 그러나 거북 꿈은 자식
　　　　은 중년 이후에 운수가 기우러질 운이다.

❖ **곰에 관한 꿈은?**
　【해설】: 세력가, 학자, 완력가, 거대하고 어려운 일거리, 작품,
　　　　재물, 권세, 단체세력, 벅찬 일거리 등의 상징물.

❖ **까마귀가 우는 꿈은 ?**

【해설】: 남에게 비방을 받는다. 또 까마귀가 많이 모여서 울면 구설수가 생긴다. 많이 모여서 지저귀는 것은 친척 중에 근심이 생긴다. 작은 새들이 많이 모여 울면 구설수가 많은 것이 마치 개구리떼가 모여 우는 것과 같다.

❖ **부엉이의 꿈은 ?**

【해설】: 만사가 불길하다. 그러나 효도하는 사람과 남과 화목하게 지내는 사람은 무방하다.

❖ **육식을 하는 새의 꿈은 ?**

【해설】: 길하며 부자는 더욱 부자가 되고, 가난한 자는 점점 부자가 된다.

❖ **까마귀 까치가 한데 어울려 지저귀는 꿈은 ?**

【해설】: 주식이 생긴다.

❖ **꿈에 닭을 본 꿈은 ?**

【해설】: 길하다. 다만 혼담은 일단 성립되었다가도 깨지는 수가 있으므로 충분히 주의하여 소홀히 하면 안된다. 그러나 신부를 섬기는 사람은 무방하다.

❖ **그물질에 관한 꿈은 ?**

【해설】: 편리한 방법에 의해서 돈을 버는 일, 포위작전.

❖ **총괄적으로 말해서 새종류의 꿈은 ?**

【해설】: 당면한 경소한 일은 무방하다. 영원히 보존되는 일은 재미가 적다. 그리고 초롱안의 새는 만사가 될 듯하면서도 안되는 것이 그림의 떡같으니 조심해야 한다.

❖ **독수리가 창공을 날으는 꿈은 ?**

【해설】: 남의 우두머리가 된다. 독수리에게 잡히는 꿈은 실망할 징조. 독수리가 창공을 날으는 꿈은 대기업의 우두머리가 된다. 독수리에게 잡히는 꿈은 실망할 징조. 독수리가 창공을 날으는 꿈은 대기업가일 때 대

❖ 공작새, 봉황새, 금계(金鷄), 백구의 꿈은?

【해설】 : 모두 길조이고 귀인을 만나 출세하며 복록이 끊기지 않는다.

❖ 백조의 꿈은?

【해설】 : 신체가 건강할 징조이다. 다만 백조가 우는 꿈은 흉몽이다.

❖ 닭을 보는 꿈은?

【해설】 : 길하다. 다만 혼담은 일단 성립되었다가도 깨지는 수가 있으므로 충분히 주의하여 소홀히 하면 안된다. 그러나 신분을 섬기는 사람은 무방하다.

❖ 총괄적으로 말해서 새종류의 꿈은?

【해설】 : 당면한 경소한 일은 무방하나, 영원히 보존되는 일은 재미가 적다. 그리고 초롱안의 새는 만사가 될듯하면서도 안되는 것이 그림의 떡같으니 '조심해야 한다.

❖ 까마귀가 우는 꿈은?

【해설】 : 남에게서 비방을 받는다. 또 까마귀가 많이 모여서 지저귀는 것은 개구리떼가 모여 우는 것과 같다.

❖ 육식을 하는 새의 꿈은?

【해설】 : 길하며 부자는 더욱 부자가 되고 가난한 자는 점점 부자가 된다.

❖ 부엉이의 꿈은?

【해설】 : 만사가 불길하다. 그러나 효도하는 사람과 남과 화목하게 지내는 사람은 무방하다.

❖ 물 까치들이 날아가는 꿈은?

【해설】 : 백사가 길하며 나쁜 일이 사라진다.

❖ 까마귀 까치가 한데 어울려 지저귀는 꿈은?

【해설】 : 주식이 생긴다.

❖ 독수리를 본 꿈은?

【해설】 : 남의 우두머리가 된다. 독수리에게 잡히는 꿈은 실망

할 징조. 독수리가 창공을 날으는 꿈은 군인 대기업
가일 때 대길할 길몽이다.

❖ **물오리가 집안으로 날라 들어오는 꿈은?**
【해설】 : 대흉이다. 꿈에 매를 보면 대길하므로 가히 천 사람
의 우두머리가 된다. 다만 삼가하지 않으면 남과 원
한을 갖게 된다. 사나운 송골매가 새를 잡는 꿈은 금
은 재물이 곳간에 가득해 질 꿈이다.

❖ **비둘기를 본 꿈은?**
【해설】 : 부인이 길하다. 가내가 화목하고 가업이 번창하게 된
다. 꾀꼬리가 숲에서 날으는 꿈은 직장을 옮길 징조
이다.

❖ **백로를 본 꿈은?**
【해설】 : 길하며 이름을 드날릴 징조이다.

❖ **제비가 품안으로 날아들어 오는 꿈은?**
【해설】 : 반드시 귀한 자식을 낳으며 또한 좋은 소식을 얻는다.

❖ **참새떼가 운집하는 꿈은?**
【해설】 : 재물을 얻고 집안에 날아드는 꿈은 기쁜 경사가 있으
며 품안에 날아들면 딸을 낳는다.

❖ **참새가 서로 싸우는 꿈은?**
【해설】 : 관청의 송사가 있어 흉몽이다.

❖ **닭이 울며 새벽을 고하는 꿈은?**
【해설】 : 가업이 번창하고 미혼 여자는 이 꿈이 제일 좋다.

❖ **닭이 몸을 씻는 꿈은?**
【해설】 : 관직을 얻는다.

❖ **두 닭이 서로 싸우는 꿈은?**
【해설】 : 시비가 그치지 않는다.

❖ **암탉이 알을 품고 있는 꿈은?**
【해설】 : 대길하며 좋은 일이 많다.

❖ **계란이 한 두개 뒹굴고 있는 꿈은?**

【해설】 : 길하며 주로 기쁜 일이 있겠으나 다수가 뒹굴고 있는 것은 불길하며 소송이 끊기지 않는다.

❖ 수탉이 병아리를 거느리고 있는 꿈은?

【해설】 : 자신 또는 근친에게 손 잿수가 있는 징조

❖ 닭이 나무 위에 있는 꿈은?

【해설】 : 재수가 있고 길하다.

❖ 닭이 지붕 위에 올라가 있는 꿈은?

【해설】 : 흉하고 구설수가 많다.

❖ 새가 날개를 부러뜨리는 꿈은?

【해설】 : 자식을 잃게 되는 흉몽이다.

❖ 기러기를 본 꿈은?

【해설】 : 먼 곳 소식이 있다.

❖ 사람이 물새로 변한 꿈은?

【해설】 : 부귀를 얻는다.

❖ 공중에서 물새가 지저귀는 꿈은?

【해설】 : 아내에게 기쁜 일이 있다.

❖ 기린을 본 꿈은?

【해설】 : 이름이 천하에 알려진다.

❖ 노루나 사슴이 집에 있는 꿈은?

【해설】 : 관직이 승진된다.

❖ 많은 토끼가 정원에서 놀고 있는 꿈은?

【해설】 : 백가지 근심이 없어진다.

❖ 원숭이를 본 꿈은?

【해설】 : 다투고 소송할 일이 생긴다.

❖ 흰 원숭이를 본 꿈은?

【해설】 : 귀한 지위를 얻는다.

❖ 표범이나 이리를 본 꿈은?

【해설】 : 반드시 도난에 경계해야 하며 단 퇴치시키면 길하다.

❖ 많은 토끼가 하늘로 올라가는 꿈은?

【해설】 : 귀한 지위를 얻는다.

❖ 고양이를 본 꿈은?

【해설】 : 흉몽이다. 고용인이나 첩등에게 기만 당하고 고양이
가 말을 한다면 구설수가 많다. 고양이는 도적의 상
징이기 때문이다. 고로 고양이를 잡은 꿈은 도적을
잡을 전조이고 고양이 고기를 먹는다면 도적맞은 물
건을 회수 할 징조이고 고양이에게 할퀴면 병을 얻거
나 걱정되는 일이 생긴다.

❖ 고양이가 쥐를 잡는 꿈은?

【해설】 : 재물을 얻는다.

❖ 쥐와 개가 함께 뛰고 있는 꿈은?

【해설】 : 큰 기쁨이 있다.

❖ 쥐가 옷을 물어 뜯는 꿈은?

【해설】 : 소원이 성취된다.

❖ 쥐에게 물리는 꿈은?

【해설】 : 뜻밖의 일로 출세를 한다.

❖ 흰 쥐가 길을 인도하는 꿈은?

【해설】 : 많은 사람이 순종한다.

❖ 박쥐의 꿈은?

【해설】 : 흉몽이다. 다음 날은 각별히 조심해야 하고 매사에
부득불 소극적이어야만 한다.

❖ 쪽제비를 본 꿈은?

【해설】 : 병을 얻을 징조

❖ 여우를 본 꿈은?

【해설】 : 의심을 받는다.

❖ 여우를 사육하는 꿈은?

【해설】 : 여난의 징조이고 여우와 더불어 서로 싸우는 꿈은 반
드시 교활한 사람을 피해야 한다.

❖ 산돼지를 본 꿈은?

【해설】 : 재물을 얻고 안온한 생활을 한다.

❖ **사자를 본 꿈은?**

【해설】 : 귀한 후원자를 만나고 사자와 더불어 서로 싸우거나
이기면 백가지 일에 승리하게 된다.

❖ **사자고기를 먹는 꿈은?**

【해설】 : 고위관리가 되며 사자의 가죽을 주웠다면 부귀를 얻
고 또한 사자등에 탄 꿈이라면 귀인의 도움을 받는
다.

❖ **표범의 꿈은?**

【해설】 : 사자와 마찬가지로 해석한다.

❖ **맹호를 본 꿈은?**

【해설】 : 위엄이 가중되고 범에게 물리면 입신 출세한다.

❖ **사슴을 본 꿈은?**

【해설】 : 점차 운이 열린다. 사슴고기를 먹었다면 재물을 얻게
된다.

❖ **사슴이나 토끼가 도망치는 꿈은?**

【해설】 : 자기의 지혜로 재물을 얻고 사슴을 죽여 그 뿔을 취
했다면 뜻밖의 횡재를 한다.

❖ **고래를 본 꿈은?**

【해설】 : 사람의 우두머리가 되고 고래가 내뿜는 조수의 물은
입신 출세하며 고래 고기를 먹으면 구설수가 많다.

❖ **코끼리를 타는 꿈은?**

【해설】 : 큰 부자가 되며 코끼리와 더불어 음식물을 먹은 꿈은
귀인을 만나 후원을 받는다.

❖ **곰을 본 꿈은?**

【해설】 : 유력자의 미움을 받는다.

❖ **총괄적으로 모든 짐승의 꿈은?**

【해설】 : 대개 좋으며 길몽이다. 다만 죽은 짐승의 꿈은 만사
가 잘 안되고 고생이 많다.

❖ 방안에 들어가 있는 쥐를 잡으려 하는 꿈은?

【해설】: 정당하지 못한 자를 가려내고, 일의 협조자를 만난다.

❖ 많은 토끼들이 들판에서 노는 꿈은?

【해설】: 맡고 있는 일을 활동적으로 추진해 나간다.

❖ 쥐가 다른 형태로 변한 꿈은?

【해설】: 장애물 없이 하고 있는 일이 순리대로 풀려나간다.

❖ 잡으려던 쥐가 쥐구멍으로 도망친 꿈은?

【해설】: 계획했던 일이 제대로 풀리지 않는다.

❖ 다람쥐가 나무에 오르는 꿈은?

【해설】: 권위를 남앞에 내세운다.

❖ 쥐구멍에서 쥐가 머리를 내민 모습이 인상적으로 보인 꿈은?

【해설】: 자기에게 관심을 가지고 지켜보는 사람이 있다.

❖ 음식을 먹어 치우는 쥐떼를 본 꿈은?

【해설】: 하는 일이 뜻대로 되지 않고 몇 번의 고비를 겪는다.

❖ 박쥐가 덤벼든 꿈은?

【해설】: 원인을 알 수 없는 병증세가 나타난다.

❖ 족제비를 붙잡거나 몸으로 부딪힌 꿈은?

【해설】: 이것이 태몽이라면 영리하고 재주 있는 자손을 낳는다.

❖ 실험용 흰 쥐가 우리에 있는 꿈은?

【해설】: 갖가지의 물건을 손에 넣을 수 있는 일이 생긴다.

❖ 창고에 쌓아둔 곡식을 쥐떼들이 먹어 치운 꿈은?

【해설】: 하고 있는 일이 크게 번창한다.

❖ 박쥐에게 물린 꿈은?

【해설】: 자기에게 직분이 주어진다.

❖ 쫓기는 쥐를 때려잡는 꿈은?

【해설】: 약살빠른 사람을 설득시켜 일을 성사시킨다.

❖ 용을 보는 꿈은?

【해설】: 대길하며 입신 출세한다. 또 임신한 부인이 이 꿈을 얻는다면 반드시 귀한 자식을 낳는다. 특히 용이 하

늘에 오르는 꿈은 가장 길하며 만사가 형통하고 재산도 생기고 출세도 한다.

❖ **용이 물가운데 잠자고 있는 모습을 보는 꿈은?**
【해설】: 일이 잘 안된다.

❖ **용이 우물 속에 들어가는 꿈은?**
【해설】: 관에게 봉변을 당한다.

❖ **용에게 귀를 물리는 꿈은?**
【해설】: 귓병을 앓게 되고 귀머거리가 된다.

❖ **용이 죽은 것을 보는 꿈은?**
【해설】: 지위와 신분을 잃는다.

❖ **큰 용이 대문에 이르는 꿈은?**
【해설】: 크게 번창할 일이 생긴다.

❖ **용을 타고 하늘로 올라가는 꿈은?**
【해설】: 귀한 지위를 얻는다. 다만 주의할 것은 이 꿈은 만사에 조심하고 너무 급하게 서두르면 안된다.

❖ **용을 타고 산에 올라가는 꿈은?**
【해설】: 소원성취한다.

❖ **물건이 용으로 변해 보이는 꿈은?**
【해설】: 귀인의 도움을 받는다.

❖ **몸이 변해서 용이 된 꿈은?**
【해설】: 크게 출세한다. 학자나 출가한 승려는 천하에 그 이름이 나타날 대몽이다. 그러나 자중자계하며 경동하지 말고 천천히 뒷날을 기다려라.

❖ **부인이 용을 보는 꿈은?**
【해설】: 귀한 아들을 낳는다.

❖ **뱀이 칼을 삼키는 꿈은?**
【해설】: 지위가 높아지고 재물을 얻는다.

❖ **용이나 이무기를 칼로 베어버리는 꿈은?**
【해설】: 길몽이라 만사가 대길하며 재수가 대통한다.

❖ **독사를 죽이는 꿈은?**
 【해설】: 싸움에 이기고 길하다.

❖ **용이나 뱀이 문에 들어 오는 꿈은?**
 【해설】: 재물을 얻는 길몽이다.

❖ **용이나 뱀이 살인하는 꿈은?**
 【해설】: 대흉이며 만사를 소극적으로 조심해라.

❖ **뱀이나 용을 화살로 쏘아맞추는 꿈은?**
 【해설】: 대길이라 만사가 형통한다.

❖ **큰 이무기가 칼 찬 사람을 에워싼 꿈은?**
 【해설】: 귀하게 되고 또한 길하다.

❖ **뱀종류가 손발이나 몸에 감기는 꿈은?**
 【해설】: 대길이다. 부자가 되거나 귀하게 된다. 다만 감겼던
      뱀종류가 풀려서 사라지는 꿈은 점점 가난해질 징조

❖ **큰 뱀이 사람을 쫓는 꿈은?**
 【해설】: 처첩의 마음이 딴 곳으로 변심된다.

❖ **뱀이 사람을 무는 꿈은?**
 【해설】: 큰 재물이 생긴다.

❖ **뱀이 ㅓ리를 틀거나 기고 있는 꿈은?**
 【해설】: 남에게 미움을 받거나 병으로 고생할 징조

❖ **봉황새를 보는 꿈은?**
 【해설】: 귀인이 원조해준다.

❖ **공작새를 보는 꿈은?**
 【해설】: 좋은 관직을 얻을 징조이고 또 좋은 인연을 얻어 장
      가들 징조이며 또 재물을 얻는다.

❖ **학이 품안에 들어오는 꿈은?**
 【해설】: 귀자를 낳을 징조이다.

❖ **학이 공중에 날으는 꿈은?**
 【해설】: 출세할 길몽이다. 학이 뜰 앞에서 사람과 사귀어 노
      는 것은 반드시 귀한 자식을 얻는다.

❖ 집에서 먹이던 학을 놓아 보내는 꿈은?
【해설】: 재물이 생긴다.

❖ 학을 타보는 꿈은?
【해설】: 반드시 녹과 지위를 얻는다.

❖ 앵무새를 본 꿈은?
【해설】: 먼 곳에서 소식이 있고, 앵무새와 더불어 말하는 꿈이면 손 윗사람이 병들어 고생하며 사망한다.

❖ 부녀자가 앵무새를 본 꿈은?
【해설】: 반드시 구설수가 있다.

❖ 원앙새를 본 꿈은?
【해설】: 길몽이다. 다만 원앙이 날아가버리면 처첩에 딴 마음이 있고 부부의 이별 수가 있다.

❖ 새종류가 부인의 품안에 날아드는 꿈은?
【해설】: 대개는 잉태 생남할 꿈이다.

❖ 임신한 부인이 학이나 거북을 본 꿈은?
【해설】: 반드시 귀한 아들을 낳는다. 그러나 거북 꿈의 자식은 중년이후에 운수가 기우러질 운이다.

포금형벌(捕禁刑罰)의 꿈

❖ 사람을 시켜 옥에 갇힌 죄수를 때리는 꿈은?

　　【해설】 : 부귀하게 될 징조.

❖ 도적질 하다가 죄를 범하고 자수하여 감방에 들어가는 꿈은?

　　【해설】 : 대단히 흉몽이니 조심하라.

❖ 지옥에 가서 썩는 냄새가 코를 찌르는 꿈은?

　　【해설】 : 만사에 길하다.

❖ 감방에 들어가 매를 맞는 꿈은?

　　【해설】 : 사업이 번창하고 부귀해질 징조.

❖ 새끼로 몸을 결박하는 꿈은?

　　【해설】 : 재수가 있다.

❖ 죄수가 감방을 탈주하는 꿈은?

　　【해설】 : 병이 나으며 길하다.

❖ 수족에 상처를 입은 꿈은?

　　【해설】 : 이별할 수다.

❖ 그물을 덮어쓰는 꿈은?

【해설】: 주식을 얻어 먹는다.

❖ **죄수가 장차 형벌을 받게 되었는데 급박하게 죽게된 꿈은?**

　　【해설】: 주식을 얻게 된다.

❖ **관인에게 무수히 매맞는 꿈은?**

　　【해설】: 의식이 생기고 재수가 있다.

❖ **사형선고를 받고 처형이 되어 죽는 꿈은?**

　　【해설】: 대길하다. 갑자기 운수가 터져 출세하며 만약 병자가
　　　　　 이 꿈을 꾸면 병이 즉시 완쾌된다.

❖ **자신이 남에게 사형선고를 내리는 꿈은?**

　　【해설】: 소송사가 끊기지 않는다.

❖ **사형대에 올라서서 곧 죽으려 할때 구원을 받는 꿈은?**

　　【해설】: 차츰 실패하고 사회적으로 매장 당한다.

❖ **사형수의 죽은 고기를 먹어 보는 꿈은?**

　　【해설】: 유력한 사람의 힘으로 큰 재산가가 될 징조이다.

❖ **누군가가 자기 물건을 훔쳐간 꿈은?**

　　【해설】: 평생 동안 쌓아올렸던 명예와 재물 등이 손실된다.

❖ **어떤 사람이 소름이 끼칠 정도로 무섭게 노려본 꿈은?**

　　【해설】: 방해자가 나타나 사업에 해를 끼치거나 질병에 염려
　　　　　 가 있다.

❖ **나체가 된 몸을 가리려고 애를 쓴 꿈은?**

　　【해설】: 남에게 공개해서는 안될 일을 하게 되고 어느 누가
　　　　　 접근을 해도 공개하지 않는다.

❖ **치마 속이나 그밖의 옷 속에 물건을 감춘 꿈은?**

　　【해설】: 임신을 하거나 사업이 번창하고 재물이 생긴다.

❖ **맹수가 노려보는 앞에서 얼어붙어 버린 꿈은?**

　　【해설】: 자신의 능력으로는 해결하기 어려운 일을 떠맡게 된다.

❖ **나체를 가리려고 하는데 사지가 말을 듣지 않은 꿈은?**

　　【해설】: 사업체가 도산 위기에 처하게 되고 절망감을 해소할
　　　　　 길이 없다.

❖ 남편이 아내에게, 아내가 남편에게 화풀이를 한 꿈은?

　【해설】: 자신 이외의 어느 누가 일을 해도 마음에 들지 않으나 결과를 보고는 크게 만족한다.

❖ 누군가에게 호통을 치는데 그가 꼼짝도 하지 않고 앉아 있는 꿈은?

　【해설】: 무슨 일을 하든 자신이 주장을 내세우며 과감하게 잘못된 점을 수정한다.

❖ 많은 사람들이 모여 비명을 지른 꿈은?

　【해설】: 군중이라고 말할 수 있을 정도로 많은 사람들이 자신이 한 일에 대해 감탄을 하게 된다.

❖ 심한 욕을 하는데도 상대방은 묵묵부답인 꿈은?

　【해설】: 해결책이 없다고 포기했던 일이 해결되고 걱정거리가 모두 없어진다.

❖ 벌을 주어야 할 죄인을 용서하고 풀어준 꿈은?

　【해설】: 진행 중이던 일이 중단되거나 모든 것이 완성단계에서 무너지고 만다.

❖ 구름처럼 모인 군중들이 미친 사람처럼 광란을 한 꿈은?

　【해설】: 많은 사람들이 일을 방해하거나 의견을 받아들이지 않는다.

❖ 누구에겐가 잘못했다고 빈 꿈은?

　【해설】: 하루 종일 불만스러운 일만 일어나게 되어 피로에 지치게 된다.

❖ 무엇인가를 얻은 꿈은?

　【해설】: 협조자가 나타나거나 재물이나 권리를 부여받게 된다.

❖ 위급한 순간인데 몸이 말을 듣지 않았던 꿈은?

　【해설】: 자신의 무능력을 자기가 체험하게 되어 절망감에 빠지게 된다.

❖ 누군가를 공격하려고 하는데 몸이 전혀 움직이지 않았던 꿈은?

【해설】 : 철저한 계획을 세운 후에 일을 추진해도 실패를 하게 되고 헤어날 방도가 없다.

❖ 자신의 소지품을 여러 사람에게 공개한 꿈은?

【해설】 : 능력을 남에게 과시할 일이 생기거나 중요하게 간직했던 비밀을 누구에겐가 털어놓게 된다.

❖ 알몸을 아무 부끄러움 없이 노출시킨 꿈은?

【해설】 : 여러 사람 앞에서 망신당할 일이 생긴다.

❖ 뛰려고 애를 쓰는데 발이 떨어지지 않는 꿈은?

【해설】 : 급하게 처리할 일이 있으나 마음만 급할 뿐 뜻대로 되지 않는다.

❖ 거친 행동을 하는데도 상대방이 계속 빙글빙글 웃는 꿈은?

【해설】 : 자신은 만족스러운 일을 해놓고 여유만만해 하지만 누구 한사람 치하를 하지 않는다.

❖ 누구에겐가 충고를 들었던 꿈은?

【해설】 : 반성해야 할 행동을 하거나 어떤 일로 인하여 심한 양심의 가책을 받게 된다.

❖ 생사를 건 싸움을 한 꿈은?

【해설】 : 자신의 일에 대해 불만이 쌓이거나 시비거리가 생기기 쉽다.

❖ 많은 군중이 자신을 향해 박수를 쳐준 꿈은?

【해설】 : 사람들을 감동시킬 일이 생긴다.

❖ 높은 곳에서 떨어져 부상을 당한 꿈은?

【해설】 : 자신에게 막강한 타격을 줄 실수를 저지르게 되고 그로인해 큰 손해를 입게 된다.

❖ 높은 곳에서 떨어지는 도중에 꿈에서 깨어난 꿈은?

【해설】 : 사랑하던 사람과 헤어지게 되거나 희망이 사라지고 질병 등 육체적인 시달림을 받게 된다.

❖ 계단을 올라가다 넘어져서 데굴데굴 구른 꿈은?

【해설】 : 여러 사람과 경쟁하는 모든 일에서 뒤떨어지게 되고

하는 사업도 진전이 없다.

❖ **한쪽 발이 수렁에 빠졌는데 곧 뽑아낸 꿈은?**

【해설】 : 누군가의 모함에 빠져 곤욕을 치르게 되지만 이내 결백함이 증명된다.

❖ **높은 건물에서 뛰어내렸는데 죽지 않은 꿈은?**

【해설】 : 회사에 취직이 되거나 많은 사람들이 자신을 과대평가 해준다.

❖ **높은 곳에서 떨어지던 중 나뭇가지나 전기줄 등에 걸려 살아난 꿈은?**

【해설】 : 부도직전에 기사회생하거나 구사일생이란 말을 인용할 일이 생긴다.

❖ **수렁에 바져서 허위적거리고 있는 황소를 구출해낸 꿈은?**

【해설】 : 가깝게 지내던 사람이 꿈 속의 소처럼 힘겨운 일에 부딪히게 되지만 자신의 힘으로 큰 도움을 줘 몰락 직전에서 구해주게 된다.

❖ **까마득한 허공에서 떨어져 머리가 깨어져서 죽은 꿈은?**

【해설】 : 어렵기만 하던 사업이 풀리기 시작하고 좋은 아이디어가 가미된 새로운 사업 계획을 세우게 된다.

수화도난(水火盜難)의 꿈

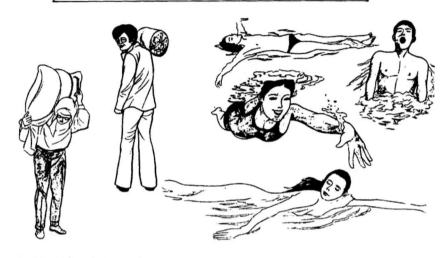

❖ 물위를 달리는 꿈은?

　【해설】 : 운수가 대통한다.

❖ 물 위에 서 있는 꿈은?

　【해설】 : 불길하고 믿는 사람이 죽는 수도 있다.

❖ 물이 얼은 것을 본 꿈은?

　【해설】 : 불길하며 기다리는 사람이 오지않고 반대로 얼음이
　　　　　　풀리는 꿈은 먼데서 소식이 날아든다.

❖ 물에 빠진 꿈은?

　【해설】 : 나오면 좋고 빠지면 나쁘다.

❖ 몸이 물속에 있는 꿈은?

　【해설】 : 대길하고 운수가 대통한다.

❖ 물이 졸졸 흘러가는 꿈은?

　【해설】 : 길하며 혼담이 성공한다. 다만 여난을 조심하라. 흘
　　　　　　러가는 물이 맑은 것을 보면 남의 우두머리가 된다.

❖ 사람의 집에 큰 물이 그득해 보이면 자녀에게 해로움이 있다.

❖ 물을 길어오는 꿈은?

【해설】: 길하며 산골짜기에서 물을 길어오거나 마시면 더욱
좋고 반드시 부귀한다.

❖ 냇물이 느릿느릿 흐르는 것을 본 꿈은?

【해설】: 공사에 소송이 생긴다.

❖ 산림에 큰불이 나서 활활 타는 것을 본 꿈은?

【해설】: 크게 재수가 있고 출세한다.

❖ 부싯돌로 불을 일으키는 꿈은?

【해설】: 장사하면 재수있고, 길하다.

❖ 땅에서 홀연히 불이 솟는 꿈은?

【해설】: 병이 생기는 일이 있으니 각별 조심해야 한다.

❖ 불이 절로 타는 꿈은?

【해설】: 병으로 고생할 수다.

❖ 큰 불이 하늘을 태우는 듯한 꿈은?

【해설】: 천하가 태평할 징조.

❖ 맹렬한 불길이 온몸을 태우는 꿈은?

【해설】: 크게 귀하게 될 징조이다.

❖ 불이 하천 물을 태우는 꿈은?

【해설】: 수명이 길어진다.

❖ 불에서 나는 연기가 꺼먼 것을 본 꿈은?

【해설】: 병을 앓게 되니 조심하라.

❖ 온 집안이 환하게 광명한 꿈은?

【해설】: 운수가 좋아질 징조이다.

❖ 촛불을 보는 꿈은?

【해설】: 대길하며 재수가 있다.

❖ 부엌에서 불이 난 꿈은?

【해설】: 급한 일이 생긴다.

❖ 불이 세차게 타는 꿈은?

【해설】: 출세할 징조이고 길하다. 다만 신기 허약한 자가 간

간 불타는 꿈을 꾸지만 약을 먹고 몸조심하여 큰 뜻을 성공토록 해야 한다.

❖ 여러 사람이 화로를 중심으로 둘러앉은 꿈은?

【해설】: 여러 사람이 화합할 징조이다.

❖ 도적에게 물건을 잃는 꿈은?

【해설】: 의외의 횡재를 하거나 또는 의외의 애인을 얻어 귀자를 낳는다.

❖ 옆집 화재에 연소되는 꿈은?

【해설】: 일에 실패하기 쉬우며 부디 성급을 조심해야 한다.

❖ 도적이 집에 들어 온 꿈은?

【해설】: 모든 나쁜 일이 멀리 사라지는 길몽이지만 강도가 집에 들어오는 꿈은 흉하고 패가 망신하게 되니 조심하라.

❖ 도적과 같이 행동하는 꿈은?

【해설】: 재수 있고 대길하다.

❖ 도적이 의복을 가져간 꿈은?

【해설】: 병이 나을 징조이다.

❖ 자기 자신이 도적이 된 꿈은?

【해설】: 소원 성취한다. 그러나 도적 옷을 입은 것은 괜찮으나 실제로 도적질하는 꿈은 병을 얻어 나쁘다.

❖ 도적이 칼을 맞아 피가 낭자한 꿈은?

【해설】: 생각하지 않은 행운이 온다.

❖ 바닷물이 육지에 들었다 빠진 흔적을 본 꿈은?

【해설】: 어떤 일을 추진해 나가다가 중간에 포기한다.

❖ 홍수나 바닷물이 집안으로 밀려 들어온 꿈은?

【해설】: 많은 재물이 생겨 부자가 된다.

❖ 해일이 일어 산야를 뒤덮은 꿈은?

【해설】: 거대한 사업으로 크게 부귀로워진다.

❖ 바닷물이 멍석을 말듯 먼곳으로 밀려나고 광활한 해저가 드러

난 꿈은 ?

【해설】 : 봉건 사상이나 기존 학설 등을 물리치게 된다.

❖ 물이 없는 갯바닥에 물고기가 있는 꿈은 ?

【해설】 : 여러 방면으로 사업을 추진해 나가 많은 이득을 얻게
된다.

❖ 해일을 본 꿈은 ?

【해설】 : 이것이 태몽이라면 권세를 행사하거나 문학 등으로
혁신적인 일에 종사할 자손을 얻는다.

❖ 바위가 터져 폭포가 흐른 꿈은 ?

【해설】 : 진리적인 교화를 크게 베풀거나 많은 재물을 얻게 된
다.

❖ 돌을 던져 호수에 파문이 일게 한 꿈은 ?

【해설】 : 어떤 단체에서 자기의 사상을 강력히 하는 일마다 순
리대로 잘 풀려나간다.

❖ 어딘가를 가다가 생각지도 않았던 곳에서 수영을 한 꿈은 ?

【해설】 : 어느 사업장에서 임시직원으로 일해 달라는 부탁을
받는다.

❖ 보트를 타지 않고 헤엄을 쳐서 강을 건넌 꿈은 ?

【해설】 : 직장에서 진급을 하거나 작품을 심사기관에 출품한
사람은 입상했다는 통지를 받는다.

❖ 물살이 센 강이나 시내에서 수영을 한 꿈은 ?

【해설】 : 사악한 꼬임에 빠지거나 질병에 걸릴 염려가 있다.

❖ 거울 같이 수면이 잔잔한 곳에서 수영을 한 꿈은 ?

【해설】 : 모든 생활에서 원만하여 어려움이 없고 하는 일도 거
의 실패가 없다.

❖ 창공을 날고 있는 새를 본 꿈은 ?

【해설】 : 잔잔하던 생활에 갑작스레 변화가 생기거나 정부기관
으로부터 간섭을 받는다.

❖ 옷을 입은채로 수영을 한 꿈은 ?

【해설】 : 자신의 직권을 이용하여 잘못된 일을 옳다고 우길 일이 생긴다. 그러나 스스로 잘못을 뉘우치고 후회하게 된다.

❖ 물에 빠진 사람을 구해서 함께 헤엄쳐 나온 꿈은?

【해설】 : 주어진 일에 열심히 일하지만 아무 보람을 못느낀다.

❖ 열심히 수영을 하는데도 제자리에서 맴도는 꿈은?

【해설】 : 사업이나 사적인 일도 순조럽게 진행되지 않아 불만만 잔뜩 쌓이게 된다.

❖ 두더지처럼 땅 속에서 헤엄을 친 꿈은?

【해설】 : 위법성을 띤 일에 손을 대게 되어 정부기관에 해를 끼치게 된다.

❖ 높은 곳으로 날아오른 꿈은?

【해설】 : 모든 일을 대하고 행함에 있어서 꿈속에서 날아오른 높이에 비례해서 그만큼 호전된다.

❖ 수도물이 나오지 않는 꿈은?

【해설】 : 사업체나 가정이 경제적으로 어려움을 겪는다.

❖ 우물에 들어간 꿈은?

【해설】 : 어떤 기관에 취직을 하거나 볼 일이 있어 들어가게 된다.

❖ 수도물이 많이 쏟아지지만 받을 그릇이 없는 꿈은?

【해설】 : 사업상 빚만 잔뜩 지고 소비할 일만 생긴다.

❖ 출처가 분명하지 않은 곳에서 여러 번 물을 떠나 우물에 붓는 꿈은?

【해설】 : 세일즈맨이 돈을 수금할 일이 생긴다.

❖ 샘물이 산 아래에서 솟아난 꿈은?

【해설】 : 어떤 기관에서 여러 방면으로 재물을 얻게 된다.

❖ 동물이 깊은 우물에서 나온 꿈은?

【해설】 : 이것이 태몽이라면 정부기관이나 사회적으로 대성할 자손을 얻게 된다.

❖ **여러 개의 우물을 지나간 꿈은?**

　【해설】 : 여러 가지 사업 경험을 가지고 거래처를 확보하게 된다.

❖ **빨래를 맑은 물에서 한 꿈은?**

　【해설】 : 하고 있는 일이 뜻대로 순조롭게 이루어진다.

❖ **방안에 물이 가득 고여 그 안에서 목욕하거나 헤엄친 꿈은?**

　【해설】 : 생활이 윤택해지고 자본이 많은 회사를 통해 자기의 소원을 충족시킨다.

❖ **샘물이 땅에서 솟아나와 그것이 흘러 냇물이 된 꿈은?**

　【해설】 : 어떤 서적이 출판되어 베스트 셀러가 된다.

❖ **샘물에 관한 꿈은?**

　【해설】 : 이것이 태몽이라면 사업가나 문학가가 될 자손을 얻게 된다.

❖ **사람이 우물 안에서 나온 것을 본 꿈은?**

　【해설】 : 어떤 단체에서 훌륭한 인재를 배출하거나 진리가 담긴 서적을 출판한다.

❖ **일부러 우물에 들어가 빠지거나 나오지 못한 꿈은?**

　【해설】 : 자기 꾀에 자기가 넘어가거나 어떤 곳에 구속받게 된다.

❖ **집에 갑자기 우물이 생긴 꿈은?**

　【해설】 : 어떤 회사에 취직되거나 미혼자는 혼담이 오고간다.

❖ **약수물을 마신 꿈은?**

　【해설】 : 근심 걱정이 해소되고 새로운 진리를 깨닫게 된다.

❖ **우물물이 가득 불어나서 넘쳐흐른 꿈은?**

　【해설】 : 많은 재산을 모으지만 그만큼 소비도 많게 된다.

❖ **뜨거운 물을 마신 꿈은?**

　【해설】 : 여러 방면으로 자기가 소원한 일이 성사된다.

❖ **어떤 남자와 우물에서 두레박질을 번갈아 가며 한 처녀의 꿈은?**

【해설】: 미혼자는 여러번 혼담이 오고간 후에 결혼이 성사된다.

❖ 물을 시원하게 마시지 못한 꿈은?

【해설】: 어떤 일이 성사는 되지만 만족스럽지가 않다.

❖ 우물물을 퍼서 손발을 씻은 꿈은?

【해설】: 근심 걱정이 해소되고 미혼자는 결혼이 성사된다.

❖ 자신이 세탁한 옷을 물 그릇에 담가둔 것을 본 꿈은?

【해설】: 자기의 직업이 바뀌고 하는 일마다 남의 이목을 받게
된다.

❖ 물이 방안에 가득 고인 꿈은?

【해설】: 좋은 아이디어를 개발하여 사업이 번창해진다.

❖ 집안에 있는 물통에 가득차 있는 것을 본 꿈은?

【해설】: 많은 재물이 여러곳에서 생긴다.

❖ 우물물이 흐려서 처음엔 못마셨다가 나중에 맑아져서 떠 마신
꿈은?

【해설】: 하고 싶은 일이 어려운 난관에 부딪혔다가 성사된다.

❖ 몸을 뜨거운 물에 씻는 꿈은?

【해설】: 여러 사람의 도움으로 무난히 시험에 합격한다.

❖ 우물에 사람을 넣고 묻어버린 꿈은?

【해설】: 자기의 사생활을 지키며 은행에 장기저축을 하게 된다.

❖ 샘물이 들판에서 솟는 것을 본 꿈은?

【해설】: 잡지사에 작품을 연재하거나 사업 자금이 생긴다.

❖ 물이 여러군데에서 펑펑 쏟아져 고여 있는 꿈은?

【해설】: 여러 방면으로 재물을 모아 부자가 된다.

싸움의 꿈

❖ 남과 칼을 비교해 보는 꿈은?

　【해설】：대길하며 재수가 있다.

❖ 남과 서로 때리고 싸우는 꿈은?

　【해설】：인덕을 얻고 보물과 재물을 얻는다.

❖ 주먹으로 사람을 때려보는 꿈은?

　【해설】：부부가 원만하다. 만일 미혼자라면 연애에 성공하게

　　　　　 된다. 몽둥이 같은 것으로 때리는 꿈도 재수가 있다.

❖ 남과 말로 다투는 꿈은?

　【해설】：친근한 사람과 이별할 징조이다.

❖ 칼로 사람을 죽이는 꿈은?

　【해설】：대통할 길몽이다.

❖ 칼로 알지 못하는 사람을 베는 꿈은?

　【해설】：장사하는 일에 매우 길하고 반드시 성공하며 또 사람

　　　　　 의 머리를 베는 꿈은 재수가 있는 대길몽이다.

❖ 남에게 실컷 얻어 맞은 꿈은?

【해설】 : 힘이 늘어나고 심장이 강해질 징조이다.

❖ 남이 성을 내어 나에게 상처를 입힌 꿈은?

【해설】 : 대단히 재수가 있다.

❖ 또 남에게 매맞는 꿈은?

【해설】 : 주식이 생긴다고 한다.

❖ 첩이나 종년에게 매맞는 꿈은?

【해설】 : 좋지 못한 일이 생기기 쉬우므로 조심해야만 한다.

❖ 형제가 서로 마구 때리는 꿈은?

【해설】 : 모든 일이 잘되고 좋은 일이다.

❖ 남에게 살해 당한 꿈은?

【해설】 : 만사에 인덕이 있어 좋다.

❖ 남에게 칼로 부상당한 꿈은?

【해설】 : 많이 상할수록 좋다.

❖ 남을 내 칼로 베고 피가 내 옷에 묻은 꿈은?

【해설】 : 재운이 열릴 징조이다.

❖ 칼로 자살하는 꿈은?

【해설】 : 재물을 얻게 된다.

❖ 목을 칼로 베었는데 죽지않고 보행하는 꿈은?

【해설】 : 좋은 일이 많이 있다.

❖ 마찬가지로 목을 베었는데 죽지 않는 꿈은?

【해설】 : 사업에 반드시 성공한다.

❖ 통틀어 머리를 자르는 꿈은?

【해설】 : 길하다.

❖ 칼로 서로 찔러서 피가 나오는 꿈은?

【해설】 : 길하다. 피가 나오지 않으면 재수가 없다.

❖ 칼로 다치어 피가 나오는 꿈은?

【해설】 : 술과 음식이 생긴다.

❖ 몸을 뜸질하여 피가 나오는 꿈은?

【해설】 : 대길하다.

❖ 남을 욕하고 꾸짖는 꿈은?

【해설】: 대길하다.

❖ 남에게 꾸중을 듣는 꿈은?

【해설】: 길하게 된다.

❖ 남에게 대단한 모욕을 당하는 꿈은?

【해설】: 재수가 있고 좋다.

❖ 소나 사슴을 잡는 꿈은?

【해설】: 부귀를 얻는다.

❖ 소를 잡아 고기를 먹는 꿈은?

【해설】: 재물을 얻는다.

❖ 닭이나 오리 종류를 잡아 죽이는 꿈은?

【해설】: 만사가 길하며 병자라면 완쾌하게 된다.

❖ 거북, 자라 종류를 죽이는 꿈은?

【해설】: 흉하며 집안에 상사가 생긴다.

❖ 감투를 새로 만들어 쓴 꿈은?

【해설】: 남에게 자신의 모습을 자신있게 과시한다.

❖ 살생을 하고 양심의 가책을 심하게 받았던 꿈은?

【해설】: 열심히 작업에 임해도 뒷처리가 깨끗하지 못해 사람
들로부터 손가락질을 받는다.

❖ 위험에 처해 있는 사람을 구해준 꿈은?

【해설】: 어떤 일거리를 맡았을 때 정신적, 육체적 고통만 뒤
따를 뿐 그만한 댓가를 받지 못한다.

❖ 자신이 직접 사형을 집행한 꿈은?

【해설】: 유명메이커의 대리점권을 따내거나 직장에 입사해 요
직에 배치되게 된다.

❖ 극약을 먹고 자살한 꿈은?

【해설】: 어떤 일을 처리함에 있어 과학적인 기술을 도입해 누
구나 깜짝 놀랄만한 성과를 이루게 된다.

❖ 사람을 죽이고 정당방위를 주장하던 꿈은?

【해설】 : 열심히 노력해서 목표를 달성하지만 충분한 댓가를 받지 못한다.

❖ **맹수가 달려드는데 그것을 죽인 꿈은?**
【해설】 : 미궁에 빠진 사건을 통쾌하게 처리하게 되고 임산부는 유산할 가능성이 있다.

❖ **자신을 해치려는 괴한을 죽인 꿈은?**
【해설】 : 처리하기 힘든 일에 방해자까지 나타나도 결국은 무난히 성공을 거두게 된다.

❖ **누군가에게 피살당한 꿈은?**
【해설】 : 자신이 처리해야 할 몫의 일거리가 다른 사람에 의해서 이루어진다.

❖ **자기와 가까운 사람을 무자비하게 죽인 꿈은?**
【해설】 : 어떤 일이나 사건을 떠맡아도 속시원하게 처리해낸다.

❖ **살인하는 현장을 목격한 꿈은?**
【해설】 : 자기와 직·간접으로 연결된 갖가지 일이 빠짐없이 이루어진다.

❖ **자살을 한 꿈은?**
【해설】 : 하던 사업의 진로를 바꾸거나 직장을 옮겨 새로운 기분으로 일을 시작하게 된다.

❖ **전쟁이 일어났는데 적병을 한 명도 죽이지 못한 꿈은?**
【해설】 : 여러 계통에서 많은 일거리를 받아 모두 순조롭게 처리되는데 한가지가 해결되지 않아 고통을 당하게 된다.

❖ **차를 타고 가는데 그 차가 사람을 치어 죽인 꿈은?**
【해설】 : 자신의 사업체나 직장이 자신으로 말미암아 크게 번창하게 된다.

❖ **무심코 시체를 봤는데 그 시체가 바로 자신이었던 꿈은?**
【해설】 : 원하던 것을 얻을 수 있고 출품했던 작품 등이 입선하게 된다.

❖ **누군가를 분명히 죽였는데 죽지 않고 쫓아오는 꿈은?**

　【해설】: 마무리가 됐다고 생각했던 일에 하자가 생겨 물질적·
　　　　정신적 손해를 입게 된다.

❖ **뒤집힌 배가 유유히 떠다니는 꿈은?**

　【해설】: 직장이나 가정이 안정을 찾지 못하고 한동안 그에 따
　　　　른 고통을 겪게 된다.

❖ **칼로 상대방을 찔렀는데 죽지 않고 자신을 쫓아온 꿈은?**

　【해설】: 목표달성에 돌입한 사업이 좌절되어 오랫동안 심한
　　　　고통에 시달리게 된다.

❖ **확실한 계획을 세워두고 상대방을 공격했던 꿈은?**

　【해설】: 어떤 일을 성사시키려고 노력하면 그 노력에 비례해
　　　　서 이득이 생기게 되고 이성문제도 원활한 상태를 유
　　　　지할 수가 있다.

❖ **어려움에 처한 자신을 누군가가 도와준 꿈은?**

　【해설】: 꿈 속의 실제 인물이나 아니면 그 주위의 인물로부터
　　　　극적인 도움을 받게 된다.

❖ **갖가지 물체가 어지럽게 뒹굴고 있는 꿈은?**

　【해설】: 자신과 직·간접으로 연결된 일들에 커다란 변화가
　　　　있거나 많은 사람들이 부러워할 일을 벌이게 된다.

❖ **해나 달이 떨어져 데굴데굴 구르는 것을 본 꿈은?**

　【해설】: 자신이 이룩한 일이 오랫동안 남들의 머리 속에 남아
　　　　있는다.

❖ **누군가가 자신을 공격하려 하는데 몹시 무섭게 여겨졌던 꿈
은?**

　【해설】: 잘못이 없는데도 몰매를 맞게 되거나 여러 사람들로
　　　　부터 공박당하게 된다.

❖ **여러 사람이 줄을 서 있는데 그 중 한 사람이 거꾸로 서 있는
꿈은?**

　【해설】: 누군가의 건의나 의견을 묵살하게 되며 그로 인해 큰

피해를 입게 된다.

❖ **혼자서 방어하거나 혼자서 공격을 한 꿈은?**
【해설】: 누구의 도움도 없이 혼자서 처리해야 할 일이 생겨 심한 외로움을 느끼게 된다.

❖ **남의 간호를 받으면서 병고를 겪고 있었던 꿈은?**
【해설】: 부실하던 사업이 남의 참여로 인하여 호기를 띠기 시작한다.

❖ **음악에 맞추어 춤을 춘 꿈은?**
【해설】: 과격한 시위를 목적으로 한 단체에로부터 가입교섭을 받거나 가입하게 된다.

❖ **큰 바위를 가볍게 굴려버린 꿈은?**
【해설】: 자신의 미비한 힘으로 어떤 단체를 움직일 수 있게 된다.

❖ **강아지가 뒤따라오자 야멸차게 쫓아버린 꿈은?**
【해설】: 자신의 일에 방해가 되는 사람을 따돌리게 되거나 병상에서 헤어나게 된다.

❖ **여러 사람에게 일시에 폭행을 당한 꿈은?**
【해설】: 많은 사람들이 자신을 평가하게 되며 결과는 비교적 만족스럽다.

❖ **뒤쫓아오는 여자를 손으로 밀어서 넘어뜨린 꿈은?**
【해설】: 교활하고 타산적인 사람을 설득할 일이 생긴다.

❖ **상처가 날 정도로 두들겨맞은 꿈은?**
【해설】: 자신이 하고 있는 일에 대해 세상 사람들이 손가락질을 하며 비난하게 된다.

❖ **실컷 얻어터진 꿈은?**
【해설】: 남에게 칭찬을 받지 않으면 심한 비난을 받게 된다.

❖ **자기 몸에서 피가 난 것을 본 꿈은?**
【해설】: 여러 방면으로 자기에게 손실이 있게 된다.

❖ **사람을 칼로 찔렀는데 피가 나지 않는 꿈은?**

【해설】: 자기의 일이 성사되지만 웬지 모르게 불안하다.

❖ 남의 몸에서 피흘리는 것을 보고 도망친 꿈은?

【해설】: 어떤 재물을 얻을 기회를 놓치거나 일이 미수에 그친다.

❖ 상대방 옷에 더러운 피가 온통 묻어 있는 것을 본 꿈은?

【해설】: 상대방이 횡사한 것을 보거나 듣게 한다.

❖ 코피가 터져서 온통 얼굴에 묻은 꿈은?

【해설】: 여러 방면으로 자기의 재물을 남에게 알려주거나 손실을 가져온다.

❖ 신령적인 존재의 손가락 피를 마신 꿈은?

【해설】: 위대한 학자나 진리 탐구자가 펴는 참된 교리나 지식을 얻게 된다.

❖ 남이 코피난 것을 본 꿈은?

【해설】: 상대방에게 많은 재물을 얻거나 정신적으로 도움을 받는다.

❖ 사람이 죽어 피가 낭자한 것을 본 꿈은?

【해설】: 사회적으로난 집안 일로 얻어진 막대한 재물을 취급하게 된다.

❖ 자기가 찌른 사람의 몸에서 피가 나고 그 피가 자기 몸에 묻은 꿈은?

【해설】: 상대방에게 돈을 요구할 일이 있거나 남의 사업을 거들어 재물이 생긴다.

❖ 상대방 몸에서 피가 나는 것을 본 꿈은?

【해설】: 여러 방면으로 남에게 피해를 입게 된다.

❖ 호수가나 강이 핏빛으로 물든 꿈은?

【해설】: 진리, 사상 등으로 많은 사람들을 지도하여 감동을 받게 하다.

❖ 항문에서 피가 흐른 꿈은?

【해설】: 사업상 생산품의 매도나 거래상 손실을 입게 된다.

목욕과 배설물의 꿈

❖ **손을 씻고 발을 씻는 꿈은?**

【해설】 : 병이 낫는다.

❖ **입을 씻는 꿈은?**

【해설】 : 관직에서 물러날 징조.

❖ **발을 씻는 꿈은?**

【해설】 : 관직에서 물러날 징조.

❖ **배를 씻는 꿈은?**

【해설】 : 백가지 악이 모두 사라진다.

❖ **사람이 목욕하는 것을 보는 꿈은?**

【해설】 : 질병이 없어진다.

❖ **변소에서 대소변으로 의복을 더럽히는 꿈은?**

【해설】 : 만사가 길하다.

❖ **변소에 빠졌다가 올라오는 꿈은?**

【해설】 : 재수가 있고 만사가 대길하다.

❖ **똥 오줌을 도난당하는 꿈은?**

【해설】 : 재산을 탕진할 징조이니 각별히 조심해야 한다.

❖ 똥 오줌이 온 대지에 가득 있어 보이는 꿈은?

【해설】 : 크게 부귀한다.

❖ 솥 밑에 대변을 보는 꿈은?

【해설】 : 구설수가 있다.

❖ 대소변으로 온 몸을 더럽히는 꿈은?

【해설】 : 재물이 생긴다.

❖ 대변 가운데 앉은 꿈은?

【해설】 : 흉하며 패가 망신한다.

❖ 대변을 짊어지고 집으로 돌아오는 꿈은?

【해설】 : 큰 부자가 된다.

❖ 진흙으로 몸이 더러워진 꿈은?

【해설】 : 구설수가 있고 몸이 불편해진다.

❖ 소변이 옷에 묻은 꿈은?

【해설】 : 어떤 상호간에 계약을 맺거나 사소한 감정으로 불쾌한 마음을 갖는다.

❖ 자기가 소변을 누니까 갑자기 온통 오줌 바다가 된 꿈은?

【해설】 : 자기의 작은 힘의 도움으로 큰 세력을 움직이게 만든다.

❖ 음식점 화장실에 들어간 꿈은?

【해설】 : 유흥업소에서 일을 하거나 사람을 찾을 일이 있게 된다.

❖ 여러 군대를 두리번거리다가 화장실을 찾은 꿈은?

【해설】 : 여러 기관을 물색한 다음 한 곳에서 자기의 소원을 충족시킨다.

❖ 자기의 소변이 큰 강을 이루거나 한 마을을 덮은 꿈은?

【해설】 : 자기에게 큰 권세가 주어지거나 자기 사상을 남에게 강력히 주장한다.

❖ 소변이 그득한 구덩이나 비료통에 소변을 본 꿈은?

【해설】: 어떤 잡지사에 문필가는 작품을 투고하고 사업가는 일의 성과를 올린다.

❖ 소변을 자기집 화장실에서 본 꿈은?

【해설】: 자기 집안 일이나 직장 일과 관련이 있다.

❖ 인분의 냄새를 맡은 꿈은?

【해설】: 자기의 일이 성사되어 널리 보급되고 남이 하는 행동이 역겹게 느껴진다.

❖ 수북이 쌓인 인분을 손으로 주무른 꿈은?

【해설】: 막대한 재물을 자신이 마음대로 움직인다.

❖ 화장실에서 대변을 쳐가는 꿈은?

【해설】: 마음의 근심 걱정이 해소되고 때로는 재물에 손실을 가져온다.

❖ 자기가 배설한 인분이 수북이 쌓여 있는 꿈은?

【해설】: 여러 방면으로 사업이 점차적으로 번창하기 시작한다.

❖ 전신이 인분이나 소변통에 빠진 꿈은?

【해설】: 악취를 느끼지 않으며 큰 횡재수가 생긴다.

❖ 화장실을 찾아다녀도 마땅한 곳이 없어 들어가지 못한 꿈은?

【해설】: 자기가 소원하고 있던 일이 뜻대로 이루어지지 않는다.

❖ 색깔이 탁하고 묽으며 극히 소량의 인분을 손으로 만진 꿈은?

【해설】: 마음이 불쾌해지고 매사에 불만을 느끼게 된다.

❖ 신체 일부분에 자기가 배설한 인분이나 남의 것이 묻은 꿈은?

【해설】: 남에게 진 빚으로 고통을 받거나 창피를 당한다.

❖ 수북이 쌓인 인분을 삽으로 옮긴 꿈은?

【해설】: 사업 자금을 남에게 의지하거나 작품 원고를 다시 쓸 일이 생긴다.

❖ 가래에 피가 섞여 나온 꿈은?

【해설】: 근심 걱정이 해소되거나 재물의 손실이 있게 된다.

❖ 상대방이 눈물을 흘리는 것을 본 꿈은?

【해설】 : 상대방으로 하여금 불만을 갖게 되고 불쾌한 감정이
생긴다.

❖ **정액이 옷에 묻어 마음이 불쾌해진 꿈은?**
【해설】 : 자기가 소원한 일이 성사되더라도 마음 한 구석에는
불쾌한 감정을 갖게 된다.

❖ **땀을 많이 흘리는 꿈은?**
【해설】 : 매사에 의욕을 잃거나 기력이 쇠퇴하여 근심 걱정이
생긴다.

❖ **분비된 정액을 처리하기 곤란하거나 불쾌한 기분이 된 꿈은?**
【해설】 : 여러 방면으로 손실을 가져오게 된다.

❖ **경도가 걸레에 묻은 것을 본 꿈은?**
【해설】 : 제3자와 계약한 일이 뜻대로 이루어진다.

❖ **가래를 시원스럽게 뱉은 꿈은?**
【해설】 : 오랜 소원이 순리대로 풀린다.

❖ **입안에 침이 마른 꿈은?**
【해설】 : 여러 방면으로 자본이 부족하여 고통을 받게 된다.

❖ **하염없이 눈물을 흘리고 울고 있는 꿈은?**
【해설】 : 남에게 자신을 과시하거나 경사스러운 일이 있게 된다.

❖ **배가 무척 부른 임산부를 본 꿈은?**
【해설】 : 뜻하지 않았던 재물이 생기거나 기발한 아이디어가
떠올라 응용할 수 있게 된다.

❖ **유방이 드러난 그림이나 사진, 조각품 등을 본 꿈은?**
【해설】 : 멀리 떨어져 있는 사람의 소식을 듣거나 사진, 편지
등을 받게 된다.

❖ **여자의 유방을 거칠게 애무한 꿈은?**
【해설】 : 직계가족이나 가까운 사람과 싸울 일이 생기며 부모
에게 불효할 일까지 겹친다.

❖ **가슴에 훈장을 단 자신의 사진을 본 꿈은?**
【해설】 : 자기가 발표한 작품에 대해 좋은 평가를 받게 된다.

❖ 동물의 목을 잘랐는데 피가 솟은 꿈은?

　【해설】 : 자기가 소원했던 일이 성취되어 재물이 생기거나 많
　　　　　 은 사람들에게 감동을 준다.

❖ 남이 피흘리는 것을 보고 만족하거나 무관심한 표정의 꿈은?

　【해설】 : 자기의 일이 성사되거나 재물이 만족스럽게 생긴다.

❖ 괴한이 가슴에 압박을 가해 몹시 괴로워했던 꿈은?

　【해설】 : 질병에 걸리거나 가까운 사람이 괴로움에 시달리게
　　　　　 된다.

❖ 누군가의 가슴을 강하게 때리거나 칼로 찌른 꿈은?

　【해설】 : 경쟁자의 사업체나 하는 일의 중심부에 타격을 주어
　　　　　 자기의 하는 일이 이득을 보게 된다.

❖ 폭약이라고 여겨지는 약을 받아 먹은 꿈은?

　【해설】 : 자기의 실력을 충분히 발휘를 할 수 있는 직장을 얻
　　　　　 게 된다.

❖ 약병이 사방에 흩어져 있는 꿈은?

　【해설】 : 학문적 자료를 구하거나 생계비 유지를 위해서 애쓴
　　　　　 다.

애락병사(哀樂病死)의 꿈

❖ 남과 더불어 통곡하는 꿈은?

　【해설】: 경축할 일이 생긴다.

❖ 혼자 울고 있는 꿈은?

　【해설】: 술과 음식이 생긴다.

❖ 큰 소리로 우는 꿈은?

　【해설】: 잔치에 초대되고 술이 생긴다.

❖ 먼 곳에서 사람이 와서 슬피우는 꿈은?

　【해설】: 사람이 죽는 수가 있으니 조심하라.

❖ 몸이 걸인이 된 꿈은?

　【해설】: 점점 행운이 찾아와 자손이 번창하고 재물을 얻으며
　　　　　재수가 있다.

❖ 타인을 조상하는 꿈은?

　【해설】: 좋은 연분을 만나 귀자를 얻는다.

❖ 손벽을 치며 노래하고 춤추는 꿈은?

　【해설】: 병과 재난이 온다.

❖ 피리 불고 장구 치는 꿈은?
【해설】: 기쁜 일이 많고 대길하다.

❖ 혼자서 노래하고 춤추는 꿈은?
【해설】: 구설이 생긴다.

❖ 병자가 사치스런 옷을 입은 꿈은?
【해설】: 죽을 수이다.

❖ 병자가 통곡하는 꿈은?
【해설】: 병이 낫기가 힘들고 만사가 여의치 못하다.

❖ 병자가 약을 먹는 꿈은?
【해설】: 병이 차차 나을 징조이다.

❖ 병자가 뛰어 달아나는 꿈은?
【해설】: 사망할 수다.

❖ 용감하게 싸워 상처를 입는 꿈은?
【해설】: 남에게 존경을 받는다.

❖ 흑사병에 든 꿈은?
【해설】: 대횡재를 한다. 그러나 방심하면 타인에게 뺏기게 되
기 쉽다.

❖ 얼굴에 종기가 많이 나 보이는 꿈은?
【해설】: 재물을 얻고 번창한다.

❖ 문둥이가 되거나 피부에 종창같은 병이 나 보이는 꿈은?
【해설】: 재물이 생기고 여자라면 부자에게 시집갈 수이다.

❖ 죽은 사람과 같이 음식을 먹는 꿈은?
【해설】: 만사가 잘된다.

❖ 죽은 사람이 웃는 꿈은?
【해설】: 큰 병이 낫는다.

❖ 죽은 사람이 입을 열어 말하는 꿈은?
【해설】: 사업이 번창한다.

❖ 죽은 사람을 안아 주는 꿈은?
【해설】: 대길하다. 다만 죽은 사람을 안고 울면 나쁘다.

❖ 사람이 죽는 것을 보는 꿈은?

【해설】 : 수명이 길어진다.

❖ 수족에 피고름이 나는 꿈은?

【해설】 : 사업이 번창한다.

❖ 병이 중해 보이는 꿈은?

【해설】 : 만사가 잘 되지 않는다.

❖ 목매어 죽는 꿈은?

【해설】 : 신병이 낫고 운수가 터진다.

❖ 자기가 죽은 꿈은?

【해설】 : 귀인을 만나 출세할 징조. 미혼인 자는 좋은 인연을
만난다.

❖ 장사지내는 것을 만나든가 장사에 참석하는 등등 모든 장례의
꿈은?

【해설】 : 길하고 재수가 있다.

❖ 죽은 시체를 취급하든가 시체를 목욕시키는 꿈은?

【해설】 : 모두 재수가 있고 좋다.

❖ 병에 걸려서 잘 걷지 못한 꿈은?

【해설】 : 사람들에게 자랑할 만한 큰 일을 이룩하게 된다.

❖ 걸어가다가 갑자기 걸음을 멈춘 꿈은?

【해설】 : 순조롭게 진행되던 근일에 불행이 닥쳐 도중에서 중
단되게 된다.

❖ 산과 들을 산책한 꿈은?

【해설】 : 현재 진행하는 일에 계획 외의 변화가 생기고 운세에
기복이 생기게 된다.

❖ 좁고 울퉁불퉁한 길을 걸은 꿈은?

【해설】 : 하는 일마다 고통이 뒤따르며 생각지도 않았던 나쁜
일이 생기게 된다.

❖ 얼굴 부위를 치료하거나 수술한 꿈은?

【해설】 : 자신의 주위에서 무언가 옮겨지는 일을 행하게 된다.

즉 문패를 새로 갈아 단다든지 방문을 다시 고쳐단다
든지 등의 일을 하게 된다.

❖ 얼굴 전체를 붕대로 감은 사람을 본 꿈은?

【해설】: 누구에게 사기를 당하거나 불의의 사고를 당하게 된다.

❖ 앓던 이빨이 빠지는 꿈은?

【해설】: 병중에 있던 환자가 사망을 하거나 자기가 부리던 직
원이 사표를 내고 퇴사하게 된다.

❖ 남의 이빨이 빠져 흐르는 피를 본 꿈은?

【해설】: 자기에게 방해가 됐던 사람이 사망하거나 사직을 당
해 자신에게 큰 이득이 되는 일이 생긴다.

❖ 이빨 하나가 빠지는 꿈은?

【해설】: 일가친척 중의 한 사람이 죽거나 아니면 이별을 하게
되며 자기 주위의 이로웠던 사람과도 헤어지게 된다.

❖ 윗이빨 중의 하나가 빠지는 꿈은?

【해설】: 윗사람 중의 한명에게 변동이 생기게 되며 아랫이는
아랫사람, 어금니는 친척, 덧니는 사위나 양자 정도
와 관계가 있는 것이다.

❖ 이빨이 하나도 남김없이 빠져버린 꿈은?

【해설】: 자신이 하고 있는 일 전체에 큰 변화가 생긴다.

❖ 자기도 모르는 사이에 이빨이 빠지는 꿈은?

【해설】: 평소 존경하던 사람이 죽게 되거나 좋지 않은 소식을
듣게 된다.

초대 구경의 꿈

❖ 높은 사람과 만나는 꿈은?

【해설】 : 술이 생긴다.

❖ 귀한 사람을 만나고 싶어도 만나지 못하는 꿈은?

【해설】 : 불길하니 만사가 잘 안된다.

❖ 귀인에게 절하고 만나보는 꿈은?

【해설】 : 복과 덕이 좋다.

❖ 귀인에게서 패물이나 기타 보물을 받는 꿈은?

【해설】 : 대길하니 반드시 출세하며 여자라면 반드시 좋은 인
연을 만나 맺어지게 된다.

❖ 가난한 사람을 본 꿈은?

【해설】 : 대길하다.

❖ 성인과 더불어 담소하는 꿈은?

【해설】 : 대길이다.

❖ 옛사람과 담소하는 꿈은?

【해설】 : 좋은 생각과 지혜를 얻는다.

❖ 남과 물건을 바꾸는 꿈은?

【해설】: 병을 얻는다.

❖ 귀인과 말을 주고 받는 꿈은?

【해설】: 주인을 얻고 출세한다.

❖ 사람이 죽어 망했다 하는 꿈은?

【해설】: 수하고 복받는다.

❖ 신선과 만나 이야기하는 꿈은?

【해설】: 대길하다.

❖ 악인과 더불어 이야기하는 꿈은?

【해설】: 구설이 생긴다.

❖ 귀인이 초대하여 문으로 들어가는 꿈은?

【해설】: 대길하며 만사가 마음 먹은대로 된다.

❖ 평소에 미워하던 사람과 만나는 꿈은?

【해설】: 질병이 온다.

❖ 새로 관직을 얻는 꿈은?

【해설】: 귀자를 낳는다.

❖ 먼 곳에서 손님이 온 꿈은?

【해설】: 술과 음식이 생긴다.

❖ 상대방에게 절을 하자 그가 미소를 지은 꿈은?

【해설】: 꿈 속의 상대방에게 청탁할 일이 있어 청탁은 하지만
그 후에 서로 좋지 않은 감정이 생긴다.

❖ 어딘가를 향해 큰절을 한 꿈은?

【해설】: 주위 환경에 큰 변화가 생기기를 원하게 되고 그것이
곧 현실로 나타난다.

❖ 무엇인가를 자꾸만 쓰다듬었던 꿈은?

【해설】: 불쾌감이나 불만, 불안감을 갖게 될 일이 생긴다.

❖ 절을 하는데 상대방이 외면해버린 꿈은?

【해설】: 청탁한 일이 무산되고 다른 사람으로부터는 전혀 도
움을 받지 못한다.

❖ **신랑인 자신이 신부와 함께 절을 한 꿈은?**
　【해설】: 자신의 발명품이나 개발품 등을 특허청 등에 제출해
　　　　　서 상표권 등을 따낼 수 있다.

❖ **악수를 하고 손을 강하게 흔들었던 꿈은?**
　【해설】: 어떤 거래나 대인관계에서 시끄러운 일이 생긴다.

❖ **국기를 향해서 경건한 마음으로 목례를 한 꿈은?**
　【해설】: 국가에 이익이 되는 일을 하게 되거나 국가기관으로
　　　　　부터 신임장이나 위임장 등을 받게 된다.

❖ **누군가가 손을 내밀어 높은 곳으로 끌어올려준 꿈은?**
　【해설】: 어려움에 봉착하게 되어도 남의 도움을 받아 무난히
　　　　　극복하게 된다.

❖ **죽음 직전에 있는 사람의 손을 잡아서 구해준 꿈은?**
　【해설】: 어떤 사람을 도와줄 일이 생기며 그 일로 인해 재정
　　　　　적인 큰 손해를 입게 된다.

❖ **신랑 신부가 서로 바라보고 맞절을 한 꿈은?**
　【해설】: 하는 일마다 꼬이기만 하고 뜻대로 되는 일이 없다.

❖ **손위의 사람이 자기에게 절을 한 꿈은?**
　【해설】: 자기보다 높은 지위에 있는 사람이 어떤 일을 부탁해
　　　　　온다.

❖ **상대방에게 절을 하고 그가 답례하는 것을 빤히 바라본 꿈은?**
　【해설】: 누군가에게 부탁했던 일이 이루어지지 않는다.

❖ **키스를 한 꿈은?**
　【해설】: 어떤 일을 하든 결실을 맺지 못하고 자신의 능력을
　　　　　비관하게 된다.

❖ **이성인 상대방과 포옹을 한 꿈은?**
　【해설】: 감히 생각하지도 못했던 일이 생겨 고민에 빠지게 된
　　　　　다.

❖ **무엇인가를 뚫어지게 바라본 꿈은?**
　【해설】: 무슨 일을 하든 확실한 결과를 보게 되며 어떤 사업

의 관리를 맡게 된다.

❖ 상대방이 자신의 전신을 찬찬히 뜯어본 꿈은?

【해설】: 자기에 대해서 자세히 알려고 하는 사람이 생기거나 어떤 기관으로부터 조사받을 일이 있게 된다.

❖ 어떤 형태로든 키스를 했던 꿈은?

【해설】: 기다리던 소식이 오거나 의심스러웠던 진상을 알게 되거나 누군가를 고소할 일 등이 생긴다.

❖ 반듯이 누워서 하늘을 바라본 꿈은?

【해설】: 개인적인 일에서 벗어나 국가적인 일에 지대한 관심을 쏟을 일을 체험하게 된다.

❖ 일하고 있은 상대방을 바라보고 있었던 꿈은?

【해설】: 직접적인 자신의 일이나 자신과 연관이 되는 남의 일에 종사하게 된다.

❖ 사랑하는 사람과 입맞춤을 했는데 몹시 만족스러웠던 꿈은?

【해설】: 애인에게서 기쁜 소식을 듣게 되며 많은 일거리를 부탁받게 된다.

❖ 이성이 아닌 동성간의 열렬한 포옹의 꿈은?

【해설】: 여러 사람이 모여 토론을 해도 의견 일치를 보게 된다.

❖ 장시간 동안 키스를 했던 꿈은?

【해설】: 누구를 만나든 그 사람에 대한 모든 것을 정확히 알게 된다.

❖ 이성이 윙크를 했는데 어쩔줄 몰라 했던 꿈은?

【해설】: 명예에 손상이 될 일을 당하거나 누군가의 모함에 말려들게 된다.

❖ 누군가가 자기를 꼭 안아준 꿈은?

【해설】: 이성에게 구혼을 청하거나 신령적 존재에게 자비를 구할 일이 생긴다.

❖ 누가 무슨 말인가를 속삭이는데 무슨 말인지 알아듣지 못한 꿈은?

【해설】: 자신이 어떤 의견을 내놓거나, 작품 등을 발표해도 사람들이 이해해 주지 않는다.

❖ 한 장소에서 합동결혼식을 하는 걸 본 꿈은?
【해설】: 진지한 회담에 참석하게 되고 그 회담이 몇 시간에 걸쳐 이루어진다.

❖ 남이 듣지 못하도록 서로 속삭이는 꿈은?
【해설】: 어떤 소문에 말려들게 되거나 여러 사람의 입에 오르내리게 된다.

❖ 무엇엔가 크게 놀란 꿈은?
【해설】: 무슨 일을 계기로해서 큰 감동을 받을 일이 생긴다.

❖ 결혼선물을 주고받은 꿈은?
【해설】: 계약서 등의 증서를 꾸밀 일이 생긴다.

❖ 결혼식장에 입장했는데 상대방은 물론 하객이 한 사람도 없었던 꿈은?
【해설】: 취직을 하게 되거나 새로 시작해야 할 일 등이 생긴다.

❖ 아무 곳에나 앉아 있었던 꿈은?
【해설】: 하던 일이 중단되거나 직장을 옮기게 된다.

❖ 누군가와 함께 나란히 누워 있었던 꿈은?
【해설】: 사업에 동업자가 끼어들게 되며 오랜 세월이 지난 후에야 그 사업의 성과가 나타나게 된다.

❖ 앉지도 서지도 않은 엉거주춤한 상태로 있었던 꿈은?
【해설】: 자신에게 불리한 일이 닥치나 빠져나갈 구멍이 없게 된다.

❖ 반듯하게 누워 시간감각을 잊어버렸던 꿈은?
【해설】: 실직이 되어 긴 공백을 갖게 되거나 병상에 있는 사람은 치유기간이 길어지게 된다.

❖ 누군가가 자기의 머리에 다리를 올려 놓고 누워 있었던 꿈은?
【해설】: 어떤 일을 하든 경쟁자에게 패배를 하게 된다.

❖ 여러 사람이 나란히 의자에 앉아 있는 꿈은?

【해설】: 여러 사람이 함께 일할 일이 생기고 많은 사람인데도 엇갈리는 의견이 없게 된다.

❖ 누군가의 무릎을 베고 누워 있었던 꿈은?

【해설】: 상대방이 자기의 부탁을 들어주며 누군가에게 자신의 모든 걸 의지하게 된다.

❖ 여행을 하던 중에 길가에 앉아서 휴식을 취했던 꿈은?

【해설】: 순조롭게 진행되던 일에 이변이 생겨 중도에서 포기하거나 장시간 동안 보류 상태로 남게 된다.

❖ 파란 도장이 봉투에 찍혀 있는 꿈은?

【해설】: 누군가가 등기 우편으로 돈을 붙여 온다.

❖ 소포를 받아 풀어보니 돌아가신 은사의 유물과 사진이 들어있는 꿈은?

【해설】: 은사나 협조자가 저술한 서적을 선물 받는다.

❖ 우체국이나 우편함에 편지를 넣은 꿈은?

【해설】: 어떤 기관에 부탁했던 일이 뜻대로 이루어진다.

❖ 편지봉투 안에 수표가 들어있는 꿈은?

【해설】: 주소 불명의 부전지가 붙어 반환되어 온다.

❖ 정신이상인 여자가 연애편지를 쓴 꿈은?

【해설】: 어떤 언론·출판사에서 작품 청탁을 해온다.

❖ 편지 발신인이 주소를 읽는데 점점 회미하게 보인 꿈은?

【해설】: 발신인의 주소가 바뀌게 된다.

❖ 우체부가 가방이 터지도록 편지를 담아 열려진 채로 걸어오는 걸 본 꿈은?

【해설】: 장기간 동안 않은 편지를 받게 된다.

❖ 연애편지를 받은 꿈은?

【해설】: 어떤 사업이나 작품 관계로 타기관에서 부탁해 올 일이 있다.

주택 · 우물 · 솥의 꿈

❖ 문이 커 보이거나 높이 보이는 꿈은?
　【해설】 : 큰 부자가 되고 큰 귀인이 된다.

❖ 문이 홀연히 크게 열려 젖혀진 꿈은?
　【해설】 : 운수가 대통하며 좋은 일이 많다.

❖ 문이 잠기고 들어갈 수 없는 꿈은?
　【해설】 : 운수가 막힌다.

❖ 대문짝이 부서진 꿈은?
　【해설】 : 흉하니 만사에 조심하라.

❖ 문을 새로 해 다는 꿈은?
　【해설】 : 귀자를 낳는다.

❖ 문이 저절로 부서져 보이는 꿈은?
　【해설】 : 하인배가 달아날 징조.

❖ 문이 저절로 열리는 꿈은?
　【해설】 : 아내가 부정을 한다.

❖ 문앞에 도랑이나 구멍이 생기는 꿈은?

【해설】: 모든 일이 마음 먹은대로 되지 않는다.
❖ 성문이 닫혀 있는 꿈은?
【해설】: 구설수가 있다.
❖ 돌이 문으로 되어 보인 꿈은?
【해설】: 수명이 길다.
❖ 큰 불이 문을 태워 버리는 꿈은?
【해설】: 흉몽이니 조심하라. 혹 패가망신하는 일이 있다.
❖ 집안에 우물이 있는 꿈은?
【해설】: 길하므로 가사가 번창하고 여자의 추천으로 반드시
출세하게 된다. 만약 그 반대로 우물안에 집이 있다
면 흉하며 아이가 병나기 쉽다.
❖ 우물이나 냇물에 빠지는 꿈은?
【해설】: 흉하며 생각지도 않은 손해가 생기고 또 수하인에게
근심이 생긴다.
❖ 우물물이 도도하게 넘쳐 흐르는 꿈은?
【해설】: 대길하다. 집안이 흥하며 자손이 번창하고 좋은 인연
과 재물을 얻을 수가 있다.
❖ 우물안에 쓰레기 따위가 많이 떨어져 쌓이는 꿈은?
【해설】: 친한 사이에 구설이 생기기 쉽고 부부간에 다투기 쉬
우니 조심하라.
❖ 물건을 우물안에 떨어뜨리는 꿈은?
【해설】: 급한 화나 도난의 염려가 있으니 조심하라.
❖ 우물이 탁해 보이는 꿈은?
【해설】: 신변에 병이 날 징조이고 또 여색을 경계해야 한다.
❖ 우물물이 맑아 보이는 꿈은?
【해설】: 길하고, 흐리면 나쁘다.
❖ 우물물이 말라버리는 꿈은?
【해설】: 친척간에 불화할 징조이니 조심하라. 그러나 부인이
라면 무방하다.

❖ 우물물이 말라버린 꿈은?

　【해설】 : 재산이 탕진된다.

❖ 우물 안에서 내 몸이 비쳐지는 꿈은?

　【해설】 : 관직을 얻게 된다.

❖ 몸이 우물물에 거울 비치듯 비치는 꿈은?

　【해설】 : 부인은 임신하고 남자라면 불의의 화를 당하니 조심
　　　　　　하라.

❖ 우물이 무너지는 꿈은?

　【해설】 : 재산이 탕진된다.

❖ 우물물을 들여다 보는 꿈은?

　【해설】 : 먼 곳에서 소식이 있다.

❖ 술에 취해서 우물로 떨어지는 꿈은?

　【해설】 : 관의 시비가 따른다.

❖ 우물에서 소리가 나는 것을 들여다 보는 꿈은?

　【해설】 : 구설수가 생긴다.

❖ 우물 속에 숨는 꿈은?

　【해설】 : 소송사나 입옥할 일이 생긴다.

❖ 솥 밑에서 물이 나오는 꿈은?

　【해설】 : 재물을 얻는다.

❖ 솥 밑에 불을 때는 꿈은?

　【해설】 : 명성이 높아진다.

❖ 솥이 깨지는 꿈은?

　【해설】 : 식구가 줄 수이며 병과 횡액을 조심하라.

❖ 솥 밑에서 밥을 짓는 꿈은?

　【해설】 : 가산이 기울어진다.

❖ 부엌과 솥을 고치는 꿈은?

　【해설】 : 대길하다.

❖ 집 밑에 솥이 있어 보이는 꿈은?

　【해설】 : 매사 뜻대로 되지 않는다.

❖ 절구 안에서 밥을 지어 보는 꿈은?

【해설】: 처첩이 죽는다.

❖ 연립주택이나 아파트 등 현대식 건물과 관계한 꿈은?

【해설】: 문화사업을 시작하게 되거나 그와 관련한 작품을 발표하게 된다.

❖ 전통적 한옥이나 초가집과 관계한 꿈은?

【해설】: 시골길을 걷게 되거나 고고학적인 일과 관계하게 된다.

❖ 음식점 옆에 붙어 있는 변소에 용변을 본 꿈은?

【해설】: 누군가를 접대하는 과정에서 창녀와 성관계를 하게 된다.

❖ 철조망을 끊고 내부로 침입한 꿈은?

【해설】: 상상조차 할 수 없을 정도의 능력을 발휘하여 정부기관을 술렁이게 하고 어려웠던 일을 쉽게 해결시켜 준다.

❖ 동물이 천정을 뚫고 들어온 걸 본 꿈은?

【해설】: 단명하거나 일찍 양친부모를 잃게 된다.

❖ 대문을 나선 처녀가 공동묘지나 산으로 걸어간 꿈은?

【해설】: 진행 중이던 혼담이 성립되거나 취직을 하게 된다.

❖ 문구멍을 통해서 안을 엿본 꿈은?

【해설】: 정보수집을 하게 되거나 누군가에게 린치를 가하게 된다.

❖ 누군가가 자신의 방을 들여다본 꿈은?

【해설】: 누가 자기의 모든 것을 알려 하거나 싸움을 걸어오게 된다.

❖ 천정에 붙은 불이 거세게 번진 꿈은?

【해설】: 누구에겐가 은밀하게 청탁할 일이 남의 입에 오르내리게 되고 그로 인하여 타격을 입게 된다.

❖ 문턱에 있던 구렁이가 갑자기 없어진 꿈은?

【해설】: 진행 중인 혼담이 성사되나 불화로 인하여 이별을 하

게 된다.

❖ 유명인사와 악수를 하거나 인사를 대신해 키스를 한 꿈은?

【해설】: 명예를 얻게 되거나 자기와 관련된 일이 성공적으로
성사됐다는 소식을 듣게 된다.

❖ 어느 집 울타리 안에 있는 과일나무에서 집주인이 과일을 따준
꿈은?

【해설】: 상상하지 않았던 보너스를 받게 되거나 좋은 직장에
취직이 된다.

❖ 집이 저절로 무너져내린 꿈은?

【해설】: 자기가 노력하지 않아도 사회의 흐름에 의해서 이익
될 일이 생긴다.

❖ 증축을 목적으로 집을 고친 꿈은?

【해설】: 많은 사람들을 사귀게 되거나 사업을 확장하게 된다.

❖ 텅빈 집에 혼자 누워 있었던 꿈은?

【해설】: 계약할 일이나 혼담 등이 쉽게 이루어지지 않고 자꾸
만 연기가 되게 된다.

❖ 빌딩을 신축하고 있는 것을 본 꿈은?

【해설】: 어떤 단체를 만들거나 사업체를 조직하게 된다.

❖ 새로 지은 집으로 이사를 한 꿈은?

【해설】: 직장을 옮기거나 실제로 이사를 하는 등의 새로운 일
거리가 생기게 된다.

❖ 외로이 떨어져 있는 초가집을 본 꿈은?

【해설】: 관청에 들어갈 일이 생기거나 취업을 하게 된다.

❖ 가구 등의 물건을 집안으로 들여온 꿈은?

【해설】: 큰 이득을 보게 되거나 돈과 관계된 사건을 떠맡게
된다.

❖ 많은 사람들이 집으로 몰려왔던 꿈은?

【해설】: 자신과 관계된 일에 참견할 사람이 많아지게 된다.

❖ 주택을 수리하는 것을 본 꿈은?

【해설】 : 하고 있는 사업이 완벽하게 자리가 잡히고 더욱 투자할 일이 생긴다.

❖ **집터를 일군 꿈은?**

【해설】 : 사업과 관련된 능력자를 영입할 일이 생기고 직접적으로 그 영향이 나타나게 된다.

❖ **두 채의 집을 놓고 어느 집으로 이사를 할까 하고 망설였던 꿈은?**

【해설】 : 사업을 시작하는데 크게 할 것인가, 작게 할 것인가에 대해 갈등을 느끼게 된다.

❖ **사람들이 건물 안으로 들어갔는데 건물이 무너진 꿈은?**

【해설】 : 막강하게 형성되어 오던 세력이 무너지고 새로운 세력 주도권을 잡게 된다.

❖ **외출에서 돌아와 집으로 들어갔던 꿈은?**

【해설】 : 사업체를 해체하게 되거나 직장에서 퇴직을 하게 된다.

❖ **남이 자기 집을 마구 허물어내린 꿈은?**

【해설】 : 타의에 의해서 자신의 진로를 바꾸게 되거나 스스로 자포자기 할 일이 생기게 된다.

❖ **남의 집을 방문했던 꿈은?**

【해설】 : 많은 사람들이 자신을 찾아오거나 갖가지의 부탁을 받게 된다.

❖ **남의 집 담장 안을 들여다본 꿈은?**

【해설】 : 조용한 장소를 찾아 그곳에서 오랫동안 학문의 탐구, 기술 등의 연구 때문에 머물게 된다.

❖ **갖가지의 건축자재를 산더미처럼 쌓아두었던 꿈은?**

【해설】 : 쪼들렸던 사업자금이 풀리게 되거나 귀중한 연구자료를 얻게 된다.

❖ **주택을 구입한 꿈은?**

【해설】 : 사업의 기반을 탄탄히 다질 일이 생기고 배우자가 될 사람을 만나게 된다.

❖ 이사한 집의 방을 일일히 살펴 본 꿈은?

　【해설】 : 새 식구가 된 사람, 즉 시집을 온 여자의 됨됨이를
　　　　　살피거나 생김새 등에 많은 궁금증을 갖고 대하게 된
　　　　　다.

❖ 왔던 손님이 돌아간 꿈은?

　【해설】 : 꿈 속의 사람과 인연이 끊길 사건이 생기거나 반대로
　　　　　원수지간이던 관계가 원활하게 풀리게 된다.

❖ 이사짐이 선더미처럼 많았던 꿈은?

　【해설】 : 사업자금을 대줄 사람이 나타나게 되고 그만큼 근심
　　　　　걱정이 많아지게 된다.

❖ 환자가 새로 지은 집에 들어가서 문을 걸어잠그고 나오지 않았
　던 꿈은?

　【해설】 : 병이 최대로 악화되거나 가까운 시일 안에 사망하게
　　　　　된다.

❖ 아파트 단지의 건물 사이로 지나간 꿈은?

　【해설】 : 무슨 일을 하든 여러 기관 등에서 사사건건 간섭하는
　　　　　일이 많다.

궁전과 성곽의 꿈

❖ 나라 임금이 궁전에 들어가 다니는 꿈은?

　【해설】 : 대길하며 만사 순조롭다.

❖ 궁성이 광대한 것을 보는 꿈은?

　【해설】 : 만사에 덕이 있어 재수가 있고 좋은 일이 많다.

❖ 성안으로 들어간 꿈은?

　【해설】 : 길몽이고 성에서 나가는 꿈은 불길하다.

❖ 성곽의 빛이 푸른 것을 본 꿈은?

　【해설】 : 좋은 일이 많다.

❖ 붉은 빛이 성곽에 올라보이는 꿈은?

　【해설】 : 만사 대통하고 대길하다.

❖ 높은 누각에 올라 음주 행락하는 꿈은?

　【해설】 : 부귀할 징조

❖ 높은 누각에 올라앉는 꿈은?

　【해설】 : 크게 부귀를 이룬다.

❖ 당상에 관이 있는 꿈은?

【해설】 : 몸과 마음이 편안하다.

❖ 집 가운데 빛이 나는 꿈은?

　　【해설】 : 길하며, 장사꾼은 이익을 크게 볼 것이고 관직에 있
　　　　　　으면 기쁜 일이 겹친다.

❖ 집안에 풀이 나 있는 꿈은?

　　【해설】 : 가재를 탕진할 징조.

❖ 집을 수리하는 꿈은?

　　【해설】 : 수복이 강녕하게 된다.

❖ 지붕이 무너지는 꿈은?

　　【해설】 : 집안 사람이 병이 나거나 고생에 빠진다.

❖ 타인과 집으로 다투는 꿈은?

　　【해설】 : 모든 일이 잘 안되므로 조심할 것.

❖ 지붕을 수리하는 꿈은?

　　【해설】 : 가업이 번창하며 지붕이 무너지고 퇴폐하는 꿈은 심
　　　　　　신이 고달프게 된다.

❖ 집이 무너지고 사람이 없는 꿈은?

　　【해설】 : 병이 잘 낫지 않는 흉몽이다.

❖ 새집에 들어가 보는 꿈은?

　　【해설】 : 먼 길을 여행할 징조.

❖ 새집으로 이사가는 꿈은?

　　【해설】 : 몸이 귀하게 된다.

❖ 집을 파는 꿈은?

　　【해설】 : 운이 왕성하고 집을 사는 꿈은 수명이 길다.

❖ 집을 잘 소제하는 꿈은?

　　【해설】 : 먼 곳에서 사람이 오고 남의 윗사람이 된다고도 한다.

❖ 집의 대들보가 부러지는 꿈은?

　　【해설】 : 흉하니 조심하라.

❖ 절간에 살고 있는 꿈은?

　　【해설】 : 귀한 자식을 낳는다.

❖ 집안형세가 몹시 빈곤해 보이는 꿈은?
　【해설】: 반대로 길하며 재수가 있고 만사가 순조롭다.

❖ 창문을 열어 보이는 꿈은?
　【해설】: 매사가 잘되고 창문을 닫아 보이는 꿈은 매사가 여의
　　　　치 못하다.

❖ 집안에 소나무와 잣나무가 난 꿈은?
　【해설】: 명이 길다.

❖ 창고를 짓거나 창고를 설치하는 꿈은?
　【해설】: 상인은 영업이 잘되고 예능인은 이름이 나며 부자는
　　　　더욱 부자가 되어간다.

❖ 창고를 짓는 꿈은?
　【해설】: 동편 이웃집이 흥하고 창고가 무너지는 꿈은 서쪽 이
　　　　웃집이 흥하다.

❖ 절간에서 경문을 읽는 꿈은?
　【해설】: 병자가 완쾌한다.

❖ 여승만 사는 절간으로 이사가는 꿈은?
　【해설】: 큰 병을 앓게 된다.

❖ 가택을 건축하는 꿈은?
　【해설】: 만사가 성취되나 다만 참고 노력해야 만전을 기할 수
　　　　가 있다.

❖ 집을 짓고 상량하는 꿈은?
　【해설】: 소원 성취하고 아랫사람은 출세할 징조.

❖ 집 내부를 수리하는 꿈은?
　【해설】: 일을 너무 찬찬히 하면 손해 볼 것이요, 경쾌하고 신
　　　　속히 하는 것이 유익하다.

❖ 벽을 바르는 꿈은?
　【해설】: 감기 몸살이 나기 쉬우니 조심할 것.

❖ 분수에 넘치는 넓은 집에 살고 여러 하인을 거느리며 사치스런
　옷을 입고 있는 꿈은?

【해설】: 소원하는 일이 되지 않고 마음이 어지러우며 흉하므로 조심해야만 한다.

❖ 이사를 하는 꿈은?
【해설】: 만사를 개량하는 징조다. 다만 여자를 사귀지 말라. 여자를 새로 사귀면 반드시 낭패되는 일이 있다.

❖ 담벼락을 끼고 순찰을 돌았던 꿈은?
【해설】: 외근 부서로 발령을 받게 되거나 파견근무 명령을 받게 된다.

❖ 천천히 계단을 내려온 꿈은?
【해설】: 진행 중이던 일이 역행하거나 위법적인 일을 저지르게 된다.

❖ 담을 뚫고 도둑이 든 꿈은?
【해설】: 자신의 일을 열심히 도와줄 동업자나 배우자를 만나 결속하게 된다.

❖ 어떤 건물의 4층에서 무슨 일인가를 했던 꿈은?
【해설】: 4년 정도의 선배와 동업 등을 하게 되며 그로 인해 이득을 취하게 된다.

❖ 일곱 계단을 내려온 꿈은?
【해설】: 7년 동안 사업이 부진하거나 불행을 겪게 된다.

❖ 차로 들이받아 담을 무너뜨린 꿈은?
【해설】: 능력 있는 사람이 나타나서 자신의 사업 진로를 제공해 준다.

❖ 무너진 담 사이로 밖이 훤하게 내다보인 꿈은?
【해설】: 운세가 트여서 사업 등 모든 일이 활발하게 진행되게 된다.

❖ 까마득하게 보일 정도로 높은 돌계단을 오른 꿈은?
【해설】: 자기가 쌓았던 업적이 발표되거나 그로 인한 표창장 등을 받게 된다.

❖ 사다리를 타고 올라갔는데 내려올 수 없었던 꿈은?

【해설】: 직장을 옮기려던 계획이 수포로 돌아가거나 진행 중
이던 일이 중단되게 된다.

❖ 자신이 지하실로 들어갔던 꿈은?

【해설】: 암거래를 하게 되거나 비밀단체 등에 가입 유혹을 받
게 된다.

❖ 크고 호화로운 저택의 마루에 올라선 꿈은?

【해설】: 취직을 하거나 진급이 되고 남들이 자신을 고귀한 인
품의 소유자로 평가해 준다.

❖ 튼튼하게 박힌 기둥에 오르는 꿈은?

【해설】: 강자의 바위를 맞추며 도움을 기대하게 된다.

❖ 낭떠러지로 뛰어내리면서 짜릿한 기분을 느낀 꿈은?

【해설】: 어떤 형태로든 바라던 것이 이루어지게 된다.

❖ 높은 곳으로 한없이 올라간 꿈은?

【해설】: 자신의 지위나 위치가 향상되고 하급 사람들로부터
존경을 받게 된다.

도로 · 교량 · 시가지의 꿈

❖ 한 군데 있지 못하고 이곳 저곳 떠돌아다니며 갈 곳을 정하지 못하는 꿈은?

【해설】: 부모 친척과 불화하게 된다.

❖ 용궁을 본 꿈은?

【해설】: 만사에 행운이 있다.

❖ 한낮 길에 왕래하는 꿈은?

【해설】: 길몽이다.

❖ 넓고 곧은 길을 걸어다니는 꿈은?

【해설】: 기쁜 일이 많고 가사가 번창해질 징조이다. 만약에 좁고 꾸불꾸불한 길을 걸어 간다면 가세가 기울어지고 고생이 많다.

❖ 길이 진흙길이나 가시덤불 길인 꿈은?

【해설】: 일이 잘 안된다.

❖ 길이 진흙이고 가시덤불 길이나 의복이 찢어지거나 더럽혀 보이는 꿈은?

【해설】: 병을 얻는다.

❖ 다리 위에서 자기를 부르는 꿈은?

【해설】: 송사에 이긴다. 그러나 다리 위에서 자기가 남을 부르는 것은 송사가 생긴다. 그 결과와는 별 문제이다. 그러나 자기가 다리위에서 부를 때 밑에서 대답하는 사람이 있으면 반드시 승리한다. 소송뿐만 아니라 이 꿈은 다른 승부에도 반드시 유리하다. 불러서 대답하는 사람이 없으면 흉몽이다.

❖ 다리가 중간이 부러지는 꿈은?

【해설】: 구설의 수가 있고 생계상 곤란한 일이 있으며 반드시 생각지 못한 화가 있다.

❖ 다리의 기둥이 부러지는 꿈은?

【해설】: 자손과 그 수하자에게 불길하다.

❖ 다리를 고치거나 도랑을 수리하는 꿈은?

【해설】: 만사가 잘될 징조.

❖ 다리를 새로 놓는 꿈은?

【해설】: 소원 성취하고 부귀한다. 다만 남에게 사기 당하기 쉬우니 조심하라.

❖ 냇물을 건너는 꿈은?

【해설】: 만사에 소극적이 제일이다. 더욱이나 여인 관계에 있어선 각별 조심해야 한다.

❖ 시장에서 아는 사람을 만난 꿈은?

【해설】: 길몽이다.

❖ 시장에서 물건을 팔아 보는 꿈은?

【해설】: 술이 생긴다.

❖ 시장에서 음주하고 노는 꿈은?

【해설】: 재수가 있고 길하나 행동을 조심하지 않으면 실패하기 쉽다.

❖ 상인이 시장에 들어가는 꿈은?

【해설】 : 길몽이다.

❖ 상인이 시장에서 나오는 꿈은?

【해설】 : 손재한다.

❖ 넓은 광야에 혼자 있는 꿈은?

【해설】 : 먼 길을 갈 수다.

❖ 반복해서 넓이뛰기를 한 꿈은?

【해설】 : 이사를 하게 되거나 직장에서의 직책에 변동이 생기게 된다.

❖ 앞에 가는 사람을 졸졸 따라간 꿈은?

【해설】 : 자신이 하고자 하는 일에 헌신적으로 따라줄 사람을 만나게 된다.

❖ 상대방이 무서워서 뒷걸음질을 치거나 도망친 꿈은?

【해설】 : 어떤 일을 하든 불안감에 쌓이게 되며 결국 그 일로 인하여 커다란 패배감을 맛보게 된다.

❖ 장소를 가리지 않고 싸돌아다닌 꿈은?

【해설】 : 연구 등 어렵고 복잡한 일에 관심을 갖고 몰두하게 된다.

❖ 함께 가야 할 사람과 따로따로 떨어져서 걸어간 꿈은?

【해설】 : 동업자나 함께 일해야 할 사람과 결별하게 된다.

❖ 집 또는 고향으로, 차를 타지 않고 걸어간 꿈은?

【해설】 : 벌려놓았던 일이 종결되거나 더이상 할 일이 없어지게 된다.

❖ 빨리 가야 하는데 마음이 조급할 뿐 걸음이 걸어지지 않았던 꿈은?

【해설】 : 상급 기관에 부탁했던 일이 잘 이루어지지 않아 애를 태우게 된다.

❖ 높이뛰기 등의 운동을 했던 꿈은?

【해설】 : 원했던 일이 이루어지거나 승진을 하게 되며 만사형통이다.

❖ **애인과 낯선 곳에서 데이트를 한 꿈은?**

【해설】: 오가던 험담이 성사되거나 큰 이익을 얻을 수 있는 일거리를 맡게 된다.

❖ **달리기, 그네뛰기 등 움직임이 빠른 운동이나 오락을 했던 꿈은?**

【해설】: 급하게 처리해야 할 일이 생기거나 초조해 하고 고통스러운 일이 뒤 따른다.

❖ **암벽에 글씨가 새겨져 있는 것을 본 꿈은?**

【해설】: 밀폐된 장소로 안내되어 어떤 지시를 받거나 훈계를 듣게 된다.

❖ **하천이나 시내 등 야외의 자연수에서 목욕을 한 꿈은?**

【해설】: 사회단체나 법인회사 등에서 자기의 욕구를 충족시켜 준다.

❖ **목욕탕에 들어가서 목욕을 한 꿈은?**

【해설】: 불만이 해소되고 바라던 바를 이룩하게 된다.

❖ **자신이 변소로 숨은 꿈은?**

【해설】: 크고 작고를 불문하고 어떤 부정을 저지르게 된다.

❖ **한쌍의 남녀가 한 변소에 동시에 들어가는 것을 본 꿈은?**

【해설】: 자기가 일한 댓가를 가로채려는 사람이 나타나게 된다.

하늘·해·달·별·구름의 꿈

❖ 하늘에 오색구름이 길게 늘어진 것을 보는 꿈은?

  [해설] : 생각하는 일이 성사가 되고 출세를 할 것이며 새로운
  아이디어가 생겨서 새 출발을 하게 된다.

❖ 하늘에 오르거나, 오르는 거사를 보는 꿈은?

  [해설] : 모든 생각대로 운수가 트이고 높은 지위에 오르게 된
  다.

❖ 하늘에서 떨어지거나 떨어지는 것을 보는 꿈은?

  [해설] : 하는일이에 실패가 있고 손해가 있으니 주의를 암시
  한다.

❖ 하늘에서 돈이나 수표가 떨어지는 것을 보는 꿈은?

  [해설] : 사업주는 파산하거나 손해가 많고 또한 가산이 분산
  되는 것을 암시하니 주의를 해야 된다.

❖ 하늘에 오르는 계단을 한발 한발 오르는 꿈은?

  [해설] : 젊어서는 고생이 있겠으나 차츰 운세가 좋아진다.

❖ 하늘에서 빛이 온몸을 밝혀주는 꿈은?

【해설】: 병자는 완쾌할 것이며 또한 타인의 도움으로 좋은 명
　　　예를 얻게 된다.

❖ 어린아이를 껴안고 하늘에 오르는 꿈은?
　【해설】: 장래에 크게 출세할 아이를 얻게 되거나 아이가 있는
　　　사람은 그중에서 장래에 반드시 크게 출세할 아이가
　　　나올 것이다.

❖ 창공에서 말이 뛰어오는 것을 보는 꿈은?
　【해설】: 뜻밖에 좋은 일이 찾아든다.

❖ 날개가 놓여서 하늘 높이 날으는 꿈은?
　【해설】: 명성이 높이 오르고 모든 일이 뜻과 같이 성사가 되며
　　　행복을 이루게 된다.

❖ 하늘 높이 비행기를 타고 날으는 꿈은?
　【해설】: 좋은 일이 생기게 되나 먹구름 속을 헤치고 날으는 꿈
　　　은 흉몽으로 병이나 사경을 헤메게 된다.

❖ 하늘높이 창공에 흰구름이 끝이 보이지 않는 꿈은?
　【해설】: 운수가 막히고 병이 생기게 된다.

❖ 태양빛이 줄줄이 내리는 것을 보는 꿈은?
　【해설】: 오랜 고난 끝에 좋은 결실이 있고 순풍에 만선으로 귀
　　　항하는 인생이 된다.

❖ 태양빛이 밝은 날에 새가 날으는 것을 보는 꿈은?
　【해설】: 많은 사람의 존경속에 장사는 이익이 따르고 원하는
　　　대로 순조롭게 이루어지는 운수가 된다.

❖ 태양빛이 구름에 가려지는 것을 보는 꿈은?
　【해설】: 운세가 일시에 막히고 제3자로 인한 방해를 받는다.

❖ 태양이 가리개(체양)에 가리워지는 것을 보는 꿈은?
　【해설】: 부부가 화합되고 결혼이 성립된다.

❖ 태양을 향해 절을 하는 꿈은?
　【해설】: 운세가 트이고 사업이 번창하며 병자는 회복이 된다.

❖ 태양이 둥글둥글 회전하는 것을 보는 꿈은?

[해설] : 하는 일이 일정치 않고 방향을 정하지 못해 고민을 하게 된다.

❖ **태양이 빛이 없어 어두침침한 것을 본 꿈은?**

[해설] : 중상모략에 주의하고, 고생길이 따르고 병인은 회복이 늦어진다.

❖ **태양빛이 집안에 들어오는 것을 본 꿈은?**

[해설] : 행복한 일들이 찾아들고 가정이 화평해진다.

❖ **태양이 검어지는 것을 본 꿈은?**

[해설] : 부부간의 이별이 있고 부모의 병난에 주의할 것.

❖ **태양이 물속으로 침몰하는 것을 본 꿈은?**

[해설] : 사업가는 파산이 눈앞에 다가오고 가장의 신상에 병난과 재난이 따르게 된다.

❖ **태양이 땅위에 떨어지는 것을 본 꿈은?**

[해설] : 병난과 괴질로 생명에 위협을 받으며 승부에도 일체 불길한 꿈이다.

❖ **태양을 삼키게 되는 꿈은?**

[해설] : 여성은 현명하고 큰일을 할수있는 아이들 태몽이 된다.

❖ **태양빛이 석양에 사라지는 꿈은?**

[해설] : 도중에 곤란을 닥치나 반드시 달성한다.

❖ **일식과 월식을 보는 꿈은?**

[해설] : 임신을 하는 일이 생기고 사업가는 부채를 안게 되니 주의할 것.

❖ **둥근달(만월=滿月)을 보는 꿈은?**

[해설] : 상승(上昇)하는 운으로 재운(財運)과 결혼운이 트이게 된다.

❖ **달이나 별빛이 아름답고 밝게 보이는 꿈은?**

[해설] : 즐거운 일이 생기고 공무원은 급료인상이나 승급할 일이 생긴다.

❖ 달이 구름에 가려지는 것을 보는 꿈은?

　【해설】: 모든 일에 지장이 생기고 근심 걱정으로 희망을 잃게
　　　　　 된다.

❖ 해와 달이 보통때와 같이 떠 있는 것을 보는 꿈은?

　【해설】: 부부의 화합과 가정의 행복을 암시한다.

❖ 달이 수면이나 호수에 아름답게 비치는 꿈은?

　【해설】: 명예로운 일이 생기고 운세가 상승하게 된다.

❖ 달을 향해서 책을 읽는 꿈은?

　【해설】: 가까운 장래에 입신출세할 징조이다.

❖ 달이 바다끝에서 떠오르는 것을 보는 꿈은?

　【해설】: 많은 재물을 얻게 되고 여성에게서 많은 원조가 있을
　　　　　 징조이다.

❖ 달이 어둡게 지는 것을 보는 꿈은?

　【해설】: 어머니의 병환이나 또는 부모 처자의 논쟁에 주의할
　　　　　 것이다.

❖ 붉은색의 달을 보는 꿈은?

　【해설】: 행복과 명예로운 일이 있고 큰 즐거움이 있을 징조이
　　　　　 다.

❖ 달과 해가 보통때와 같으나 그 빛이 강약이 구분되는 꿈은?

　【해설】: 모든 경쟁상태에서 실패하게 되는 징조이다.

❖ 맑은 하늘에 별빛이 찬란한 것을 보는 꿈은?

　【해설】: 지금까지의 불행을 씻고 행복이 찾아들 징조이다.

❖ 별이 구름에 가려져서 보이지 않는 꿈은?

　【해설】: 모든일에 근심이 있고 시험보는 관계는 실패가 따르
　　　　　 고 인간관계에도 많은 주의가 필요하다.

❖ 별이 떨어지는 것을 보는 꿈은?

　【해설】: 많은 변화와 실패가 따르고 실업과 병질환 등에 주의
　　　　　 를 해야 하고 사법 관계 서류에 주의할 것.

❖ 별이 흐르는 것을 보는 꿈은?

[해설] : 바라는 모든 일에 실망이 따르고 병자에게는 불길하
며 대인관계에 불행이 따른다.

❖ 흐르는 별이 땅에 떨어져서 바위돌이 된 것을 본 꿈은?
[해설] : 현재의 생활에서 크게 발전을 이루고 행복한 기반이
생길 징조이다.

❖ 별이 빛나는 밤 새가 날아가는 것을 보는 꿈은?
[해설] : 본업 이외의 취미나 부업으로 타인에게 우러러 보일
일이 생긴다.

❖ 별이 빛나는 밤에 별이 입속으로 들어오는 꿈은?
[해설] : 장래 출세할 수 있는 자녀가 생길 길몽(태몽)이다.

❖ 흐르는 별이 도중에서 사라지는 것을 보는 꿈은?
[해설] : 슬픈 일이 일어날 징조이다.

❖ 흐르는 별이 입속으로 들어오는 꿈은?
[해설] : 자신의 몸에 위험한 일이 일어날 징조이다.

❖ 별이 움직이는 것을 보는 꿈은?
[해설] : 자신에게 많은 변화와 새로운 개혁으로 새롭게 달라
지는 징조가 있다.

❖ 별이 잠자리에 떨어지는 것을 보는 꿈은?
[해설] : 생각이외의 즐거운 일이 생기고 천운이 따를 징조이
다.

❖ 별이 품안으로 들어오는 꿈은?
[해설] : 장래에 크게 출세할 자녀를 잉태할 태몽이다.

❖ 별빛이 빛나는데 뱀이 나오는 것을 본 꿈은?
[해설] : 생각하고 있던 직위에 오르게 된다.

❖ 많은 별이 반짝반짝 빛나는 것을 본 꿈은?
[해설] : 즐거운 일들이 계속해서 찾아 든다.

❖ 달과 별이 겹치는 것을 보는 꿈은?
[해설] : 지금까지 어두웠던 일들 밝아지는 징조이다.

❖ 흐린 하늘에 별이 반짝반짝 빛나는 것을 보는 꿈은?

[해설] : 지금까지 바라던 위치에 도달할 수 있는 징조이다.

❖ 하늘의 강을 건너는 꿈은?

[해설] : 결혼에 화합을 이루게 된다.

❖ 하늘의 강을 바라보는 꿈은?

[해설] : 가까운 곳으로 여행을 하게된다.

❖ 하늘의 강이 끊기게 되어 건너지 못하는 꿈은?

[해설] : 추진중인 일이나 대화가 이루어지지 못하고 여행길에 재난이 있을 징조이다.

❖ 북두칠성이 빛이 없이 어두운 것을 보는 꿈은?

[해설] : 근심이 많아지고 바라는 일이 허사가 될 징조이다.

❖ 북두칠성이 반짝반짝 빛을 내는 것을 본 꿈은?

[해설] : 최근에 바라던 일이 성사되고, 입신 출세할 징조이다.

❖ 하늘 한곳이 흐려지는 것을 본 꿈은?

[해설] : 불행한 일이 생기고 관청에 관한 서류에 주의할 일이다.

❖ 흰 구름이 사방에 일어나는 것을 본 꿈은?

[해설] : 행복한 일이 찾아들고 즐거운 일이 많아진다.

❖ 오색 구름을 보는 꿈은?

[해설] : 좋은 일들이 생기고 다투는 일들이 뜻대로 이루어질 징조이다.

❖ 황색 구름을 보는 꿈은?

[해설] : 행운이 있을 시기로 직업에 이익이 많아지고 즐거운 일들이 있게 된다.

❖ 푸른 구름이나 검은 구름을 본 꿈은?

[해설] : 자신의 병이나 병세에 주의를 해야 한다.

❖ 떠다니는 구름을 본 꿈은?

[해설] : 상담이나 계획한 일들을 포기하고 물러서는 것이 좋다.

❖ **구름을 타고 다니는 꿈은?**

　　[해설] : 바라는 일들이 이루어져서 생각대로 만족한다.

❖ **구름속에 무엇이 무엇인지 확실치 않은 꿈은?**

　　[해설] : 걱정되는 일들로 고민이 많아질 징조이다.

❖ **구름 위로 오르는 꿈은?**

　　[해설] : 많은 대인 관계에서 좋을 일들이 성사된다.

❖ **구름 가운데 단 한개의 별이 있는 것을 본 꿈은?**

　　[해설] : 좋은 안내자를 만나게 되는 꿈이다.

❖ **구름이 흐려져서 떨어지는 것을 본 꿈은?**

　　[해설] : 큰 셀패와 손해가 있고 또는 신병에 주의할 징조다.

❖ **구름속을 통해서 가는 꿈은?**

　　[해설] : 위험한 일에 좋지 못한 일이 일어나는 징조이다.

❖ **맑은 하늘이 갑자기 어두워지고 작은새가 울어대는 것을 본 꿈은?**

　　[해설] : 가족중에서 근심 걱정이 생길 징조이다.

❖ **큰 나무가 구름을 가려서 그 모양이 확실치 않은 꿈은?**

　　[해설] : 불길한 징조이고 원하는 일이 이루어지지 않을 징조이다.

바람·비·눈·이슬의 꿈

❖ 동쪽에서 바람이 불어오는 꿈은?

【해설】: 수풍에 돛을 단 배와 같이 모든 일들이 순조로운 징조
다.

❖ 바람을 타고 하늘을 다니는 꿈은?

【해설】: 대인관계나 하는 일에 사기당할 징조다.

❖ 바람이 불어서 나무가 쓰러지는 것을 본 꿈은?

【해설】: 크게 놀라게 될 징조이다.

❖ 강풍으로 우산이나 모자가 날아가는 것을 본 꿈은?

【해설】: 생각지도 않았던 의심을 받고 조사를 받을 일이 있을
징조이다.

❖ 강풍으로 입고 있는 스커트가 걷치게 된 꿈은?

【해설】: 모든 비밀들이 밝혀지게 되고 풍사는 질별에 주의를
해야 한다.

❖ 강풍에 비를 맞는 꿈은?

【해설】: 근심 걱정이 생기고 고난이 닥치는 징조이다.

❖ 태풍으로 가옥이 파괴 '는 장면을 보는 꿈은? ·

　【해설】: 돌발적인 사고나 파산 곤경이 닥치게 된다.

❖ 큰 천둥소리를 듣는 꿈은?

　【해설】: 먼곳으로부터 찾아오는 손님으로 인해 크게 놀랄 일
　　　　　이 있게 된다.

❖ 천둥소리에 번개치는 것을 본 꿈은?

　【해설】: 모든 생각이 스스로 이루어지고 이익과 발전이 따르
　　　　　게 된다.

❖ 번개가 집안으로 들어오는 꿈은?

　【해설】: 재운과 가운이 트이게 된다.

❖ 번개가 자신의 몸에 비치는 꿈은?

　【해설】: 좋은 곳으로 초대를 받게 되고 또한 근간 즐거운 일이
　　　　　생기게 된다.

❖ 벼락이 떨어져 불이 나는 것을 본 꿈은?

　【해설】: 의심이나 어려운 일들이 해소되고 즐거운 일들이 있
　　　　　을 징조다.

❖ 벼락이 바위를 부수는 것을 본 꿈은?

　【해설】: 개혁할 일이 있게 된다.

❖ 천둥소리를 내며 번개빛이 배위를 비치는 꿈은?

　【해설】: 다투는 일이 순조롭게 풀리게 된다.

❖ 천둥소리를 배위에서 듣게 되는 꿈은?

　【해설】: 여성문제로 즐거운 일이 생기게 된다.

❖ 천둥번개치고 비가 내리는 가운데 강을 건너가는 꿈은?

　【해설】: 고난과 고초를 겪으면서도 목적을 달성하게 된다.

❖ 비를 맞으며 천천히 걸어가는 꿈은?

　【해설】: 근심걱정이 있게 되고 어려운 일이 닥치게 된다.

❖ 비가 조용히 내리는 것을 보는 꿈은?

　【해설】: 좋은 일이 생기고 술좌석에 초대를 받게 된다.

❖ 비오는 날 우산을 같이 받고 걸어가는 꿈은?

【해설】: 사랑하는 사람과 헤어지게 된다.

❖ 큰비속을 배가 출항하는 것을 본 꿈은?

　　【해설】: 여성문제로 크게 다투는 일이 생긴다.

❖ 날씨가 흐리면서 비가 내리는 것을 본 꿈은?

　　【해설】: 비밀이 폭로될 징조가 된다.

❖ 비가 멎고 맑게 개이는 것을 본 꿈은?

　　【해설】: 근심걱정이 해소되고 모든 일들이 순조롭게 호전된
　　　　　　다.

❖ 비가 오는데 우산을 받고 걸어가는 꿈은?

　　【해설】: 하늘에 도움이 있어 행복하게 된다.

❖ 비때문에 신발이나 또는 물건이 젖은 것을 보는 꿈은?

　　【해설】: 사업이나 경제적인 손실에 특히 주의할 것.

❖ 비때문에 다른 사람의 우산 속으로 들어간 꿈은?

　　【해설】: 바래지도, 생각지도 않았던 좋은 소식이 있다.

❖ 집안에 비가 새거나 스며드는 꿈은?

　　【해설】: 어려운 일에 고통이 따르게 되고 질병에 주의해야 한
　　　　　　다.

❖ 비가 새는 빗물을 용기로 받는 꿈은?

　　【해설】: 재운이 트여서 재물이 풍족하게 된다.

❖ 배가 와서 강물이 불어나는 것을 본 꿈은?

　　【해설】: 즐거운 일이 생기고 하는 일이 순조롭게 된다.

❖ 빗속을 동물이 걸어가는 것을 본 꿈은?

　　【해설】: 생각하는 일들이 빗나가고 또 사기에 휘말리기 쉽다.

❖ 비가 내려서 풀이나 나무로 흘러드는 것을 본 꿈은?

　　【해설】: 바라는 일들이 순조롭게 이루어지고 가정에도 차차
　　　　　　즐거운 일들이 생기게 된다.

❖ 비가 오는데 등산을 하는 것을 본 꿈은?

　　【해설】: 바라는 일들의 화합이 이루어진다.

❖ 비가 오는데 무지개가 떠있는 것을 본 꿈은?

232

【해설】: 즐거운 일이 생길 것이며 주석에 초대를 받게 된다.
❖ 무지개가 절반쯤 끊어져 보이는 꿈은?
【해설】: 모든 일들이 중도에서 좌절된다.
❖ 아름답게 7색깔의 무지개가 떠오른 것을 본꿈은?
【해설】: 명예로운 일이 있을 징조이다.
❖ 7색의 무지개다리를 건너는 꿈은?
【해설】: 바라는 일들이 성취되고 즐거운 일이 있을 징조이다.
❖ 무지개 밑을 물이 흘러 내리는 것을 본 꿈은?
【해설】: 상담이나 바라는 일이 화합되고 승진이나 진학, 또 취직 등에 희소식이 있게 된다.
❖ 무지개의 색이 흰색이나 검은색으로 보이는 꿈은?
【해설】: 여성문제에 얽혀서 큰 손해를 보거나 구설수가 있다.
❖ 무지개 옆에 태양이 있는 것을 본 꿈은?
【해설】: 희망과 행복한 일이 찾아든다.
❖ 무지개가 보이는데 새들이 지저귀는 것을 본 꿈은?
【해설】: 즐기는 일로 인해서 재산이 흐려지게 된다.
❖ 무지개 아래에 사슴이 노니는 것을 본 꿈은?
【해설】: 반드시 입신 출세할 일이 있다.
❖ 두개의 무지개가 떠있는 것을 본 꿈은?
【해설】: 부부간의 다툼으로 해서 자식들까지의 다음에 주의할 것.
❖ 흰눈이 산정상에 쌓인 것을 본 꿈은?
【해설】: 고민과 괴로움이 지속되겠으며 또한 자신이 팀의 리더가 된다.
❖ 산 정상에 서있는 꿈은?
【해설】: 팀의 리더가 된다.
❖ 큰 눈이 내려서 온세상이 은세계로 보이는 꿈은?
【해설】: 해결이 어렵고 거북한 일이 있어 근심걱정이 있게 된다.

❖ 자신의 몸에 눈이 내려서 쌓이는 꿈은?

　【해설】: 계획한 일이 성사되고 성공하게 된다.

❖ 눈속을 사뿐사뿐 걸어가는 꿈은?

　【해설】: 빈곤과 고통 속에 질병이 있게 된다.

❖ 눈속 깊은 길 헤메는 꿈은?

　【해설】: 갈팡질팡하는 일은 많아지고 모든 일에 조리없이 끝
　　　　 이 난다.

❖ 눈속에서 미녀와 이야기하는 꿈은?

　【해설】: 여성으로 인한 문제로 실패가 있다.

❖ 흰눈이 붉게 물든 것을 본꿈은?

　【해설】: 돌발적인 사고로 재난이 있겠으니 주의를 요한다.

❖ 눈속에서 낚시질을 하는 것을 본 꿈은?

　【해설】: 재복이 늘어나고 하는 일에 이익이 있게 된다.

❖ 눈속에 등산하는 것을 보는 꿈은?

　【해설】: 고통스러운 난관을 헤치고 바라는 일을 달성한다.

❖ 눈사태로 짐을 꾸리는 것을 본 꿈은?

　【해설】: 사업실패나 파산위기의 징조가 있다.

❖ 눈이 대나무에 쌓여서 크게 구부러지는 본 꿈은?

　【해설】: 노력한 일에 결실이 있어 앞으로 승진이나 크게 발전
　　　　 이 있겠다.

❖ 눈속에서 대나무 죽순을 캐내는 것을 본 꿈은?

　【해설】: 개척이나 발굴하는 새로운 일이나 또는 취직이 되는
　　　　 혜택을 받을 징조이다.

❖ 눈속에 발자국이 남아 있는 것을 본 꿈은?

　【해설】: 도난을 당하거나 또는 재물의 손실이 있을 징조다.

❖ 눈이 녹아 없어지는 것을 본 꿈은?

　【해설】: 재산 손실이나 또는 타인에 의한 손해가 있을 징조
　　　　 다.

❖ 눈덩이가 물위에 떠내려가는 것을 본 꿈은?

234

[해설] : 손해나 손실이 있으니 주의할 것이다.

❖ 눈속에 꽃이 피어 있는 것을 본 꿈은?

　[해설] : 생각치 않은 일에 손해가 있고 또는 사기 당할 일이
　　　　있으니 주의할 것.

❖ 나무가지에 흰눈이 쌓여 있는 것을 본 꿈은?

　[해설] : 좋은 일이 있겠으며 바라는 일이 해결된다.

❖ 집에 눈이 쌓여서 집이 눌리는 것을 본 꿈은?

　[해설] : 재해가 따르고 생활에 고난이 따른다.

❖ 이슬이 양복을 적셔서 스며드는 꿈은?

　[해설] : 즐거운 일이 생기며 좋은 일에 초대를 받는다.

❖ 이슬이 내린 길을 걸어가는 꿈은?

　[해설] : 기술이나 재능으로 인해 목적이 이루어진다.

❖ 풀잎에 이슬이 내려 구슬처럼 빛이 나는 꿈은?

　[해설] : 금전관계에 혜택이 있고 예금을 하겠으며 병자는 쾌
　　　　히 회복이 되겠다.

❖ 이슬이 내린 길에서 아침해를 보는 꿈은?

　[해설] : 하는 일에 성공이 있고 또는 입신 출세할 징조다.

❖ 이슬을 마시는 꿈은?

　[해설] : 하는 일에 힘을 얻어 활약할 일이 있으며 병자는 건강
　　　　을 되찾게 된다.

❖ 이슬이 그릇이나 용기들에 내려 담겨 있는 꿈은?

　[해설] : 재산이 흩어지고 질병에 주의할 징조.

❖ 이슬방울을 손으로 만지는 꿈은?

　[해설] : 재운이 트이고 운세가 호전될 징조.

❖ 안개속 깊이 사라지는 것을 본 꿈은?

　[해설] : 고민이 많아지고 다툼이 생기며 또한 건강에 주의할
　　　　것.

❖ 안개가 맑게 걷히는 것을 본 꿈은?

　[해설] : 고민거리가 해소되고 모든 희망이 순조롭게 된다.

땅과산의 꿈

❖ **땅속이나 동굴속으로 들어가는 꿈은?**

　【해설】: 고민거리가 해소되고 생각해온 일들이 순조로울 징조.

❖ **흙을 손으로 짓이기는 꿈은?**

　【해설】: 부동산이 수중으로 들어올 징조.

❖ **땅위에 줄들이 전부 시들은 것을 본 꿈은?**

　【해설】: 고난이 지속되니 실력과 능력 양성에 노력해야 할 징조.

❖ **땅위가 붉게 된 것을 본 꿈은?**

　【해설】: 생각지도 않았던 재난을 보게 될 징조.

❖ **땅위가 하얗게 된 것을 본 꿈은?**

　【해설】: 불길한 일에 허덕이게 될 징조.

❖ **땅이 벌어지고 그 속으로 떨어지는 꿈은?**

　【해설】: 파산의 예고 및 자신의 신분의 변화로 흉한 일이 있을 징조.

❖ 땅위에 이끼(苔)가 살아 있는 것을 본 꿈은?

　[해설] : 바라는 일에 성사가 있고 하는 일마다 소원 성취할 징
　　　　조.

❖ 땅위에 꽃이 피고, 과일이 열리고, 새와 동물들이 모여 낙원을
　이룬 것을 본 꿈은?

　[해설] : 사업가는 생산목표에 달성이 되어 안심을 할 것이며
　　　　또한 행복한 일들이 가정에 가득할 징조.

❖ 땅위에서 잠을 자는 꿈은?

　[해설] : 슬픈 일이 있겠으며 어려운 일이 닥친다.

❖ 땅위에 앉아 있는 꿈은?

　[해설] : 달아날 일이 생길 징조.

❖ 땅속에 매장된 것을 보는 꿈은?

　[해설] : 이익이 생기고 재물이 쌓일 징조.

❖ 땅위를 깨끗하게 쓸어버리는 꿈은?

　[해설] : 사업하는데 순조롭지 못하고 파산 위기에 닥칠 징조.

❖ 대지가 두쪽으로 갈라지는 것을 본 꿈은?

　[해설] : 분열을 뜻하며 세력분쟁에 주의할 것.

❖ 땅위를 엷게 깎아 내리는 것을 본 꿈은?

　[해설] : 모친의 몸에 재난을 조심할 것.

❖ 땅위가 금이 가서 터지는 것을 본 꿈은?

　[해설] : 하는 일이 성사되고 또 출세할 징조.

❖ 대지가 흔들려 움직이는 것을 본 꿈은?

　[해설] : 쇠운으로 치닫게 되고 도산하여 주소의 변동이나 소
　　　　송사건이 있을 징조.

❖ 지진으로 땅이 흔들려 물건이 떨어지는 것을 본 꿈은?

　[해설] : 사업관계나, 부부문제, 소송 문제 등에 많은 조심을
　　　　해야할 징조.

❖ 가는 길에 굴곡이 많아서 아무리 길어도 그 자리에 있는 꿈은?

　[해설] : 어려운 난관이 지속되고 모든 일에 진퇴양난이 된다.

❖ 도로를 조용하게 걸어가는 것을 본 꿈은?

　　【해설】: 운수가 상승되고 많은 사람의 지원을 받을 징조.

❖ 도로를 자동차를 타고 질주하는 꿈은?

　　【해설】: 바라는 일들이 해결되고 모든 일이 순조롭게 트일 징조.

❖ 길에 검은 연기 같은 것이 떠오르는 것을 본 꿈은?

　　【해설】: 사람이 죽게 될 징조로 그 연기가 집에 모이거나 땅위에 모이는 것은 역시 같은 징조.

❖ 큰 국도를 걸어가는 꿈은?

　　【해설】: 바라는 일이 성사되고 좋은 일이 있을 징조.

❖ 길이 협소하고 지저분한 것을 본 꿈은?

　　【해설】: 근심하는 일들이 많아서 고민을 하게 된다.

❖ 벌판이나 들길을 혼자서 걸어가는 꿈은?

　　【해설】: 근심걱정이 따르고 실물 수가 있으며 그래서 고독하게 될 징조.

❖ 걸어가는 길에 푸른 초목이 무성하게 우거진 꿈은?

　　【해설】: 운세가 크게 트이고 많은 이익을 얻을 징조.

❖ 모래가 바람에 날려 싸이는 길을 걸어가는 꿈은?

　　【해설】: 진퇴양난인 곤경에 빠지게 된다.

❖ 걸어가던 길이 갑자기 없어지고 다른 길로 나아가는 꿈은?

　　【해설】: 모든 일에 변동이 일어나서 험한 일들이 많아질 징조.

❖ 좁은 길을 혼자서 걸어가는 꿈은?

　　【해설】: 쓸쓸하고 고독하게 되는 징조.

❖ 진흙이 몸에 묻어 더러워진 꿈은?

　　【해설】: 생각하는 일에 수치스러운 일이 생기게 된다.

❖ 흙을 옮기는 일을 하는 꿈은?

　　【해설】: 단독사업을 추진하게 된다.

❖ 이름 난 산에 오르는 꿈은?

【해설】: 힘은 들겠으나 바라는 일이 성취된다.

❖ **높은 산에 구름이 끼는 것을 본 꿈은?**

【해설】: 학문이나 건강이나 또 예금 등이 모두 만족하게 된다.

❖ **간에서 불이 타오르는 것을 본 꿈은?**

【해설】: 학문관계나 면허장 취득이 이루어지고 또한 상담 문제가 순조롭게 풀린다.

❖ **산이 무너져 내리는 것을 본 꿈은?**

【해설】: 실력부족이나 또는 손위사람에게 근심을 주게 된다.

❖ **산불이 난 것을 본 꿈은?**

【해설】: 대단한 논쟁이 일어나게 된다.

❖ **산중에서 쟁기나 괭이로 경작하는 것을 본 꿈은?**

【해설】: 재물과 의식이 풍부해지고 재운이 트인다.

❖ **산중에서 보물을 캐내는 것을 본 꿈은?**

【해설】: 예금이나 재물이 불어나고 사업에도 원만하여 행복해진다.

❖ **산을 경주하여 오르는 꿈은?**

【해설】: 운세가 호전되고 손위사람의 신임을 받아 큰 일을 성사시킨다.

❖ **산에서 경주하여 내려오는 꿈은?**

【해설】: 손해가 많겠으며 모든 일이 여의치 못하다.

❖ **산에서 케블카로 기쁘게 내려오는 꿈은?**

【해설】: 재운이 트이고 자신에게 신분상의 승진을 한다.

❖ **산에 가서 야영이나 캠핑을 하는 꿈은?**

【해설】: 정사문제와 이성간의 비밀을 나누는 징조.

❖ **산에서 바다를 바라보는 꿈은?**

【해설】: 가정이 원만해지고 가업도 번성하게 된다.

❖ **산과 산을 건너뛰어 가는 꿈은?**

【해설】: 고통을 받게 되고 위험한 일에 뛰어들어 실패가 있다.

❖ 봄산이나 여름산에 머물고 있는 꿈은?

【해설】: 큰 행운이 있고 횡재할 운이다.

❖ 겨울산에 하얀 모습으로 있는 꿈은?

【해설】: 고생을 많이 하게 된다.

❖ 산위에서 빛이 나는 것을 본 꿈은?

【해설】: 이성관계에서 바라는 뜻이 이루어진다.

❖ 높은 산에 올라서 맑은 하늘을 우러러보는 꿈은?

【해설】: 풍족한 수확을 거두게 되고 많은 보답이 있다.

❖ 산속에서 길을 잃고 헤메는 꿈은?

【해설】: 사기당하기 쉽고, 사람에게 속아서 많은 손해를 본
다.

❖ 산속에 꽃이 만발한 것을 본 꿈은?

【해설】: 재물이 흩어지게 된다.

❖ 산의 정상에서 멀리 배가 떠가는 것을 본 꿈은?

【해설】: 생각지 않았던 좋은 일이 생기고 추진중인 일에 진전
이 있다.

❖ 산의 정상에 올라서 쌀쌀하게 느끼는 꿈은?

【해설】: 많은 이익을 얻게 되거나, 시험 등에는 최고점수로
합격하게 된다.

❖ 들이나 산이 초록빛으로 보이는 꿈은?

【해설】: 사업에는 번창하겠고 바라는 일들이 풀리게 된다.

❖ 무거운 짐을 지고 산에 오르는 꿈은?

【해설】: 고통은 있겠으나 바라는 일이 성취되고 여성은 임신
할 일이 있고, 출세를 하거나 어진 자녀를 두게 된다.

❖ 산림속으로 들어가는 꿈은?

【해설】: 많은 이익이 생기고 새로운 일을 시작하겠다.

❖ 산속에 무덤 등이 있는 것을 본 꿈은?

【해설】: 큰 이득이 있게 되고 하는 일이 뜻대로 된다.

❖ 산이 무너져서 큰 물이 솟아나는 것을 본 꿈은?

240

[해설] : 무모한 계획으로 고민 끝에 늦게야 깨달을 것이며 운세는 막연하여 오리무중이고 희망 조차 없다.

❖ 말과 같이 걸어서 산에 오르는 꿈은?
[해설] : 큰 난관이 부닥쳐서 풍운을 맞이하며 결단, 결심을 가져야 할 흉몽이다.

❖ 산 높이 바위에 막혀 길이 없는 꿈은?
[해설] : 곤란이 닥치고 고통스러운 일이 많으며 많은 활동이 필요하다.

❖ 골짜기를 향해 돌을 던지는 꿈은?
[해설] : 주위로부터 많은 비난이 있겠으며 몸이 갇혀서 고생을 한다.

❖ 골짜기 밑으로 떨어져서 기어나오는 꿈은?
[해설] : 다른 사람의 추앙을 받으며 하는 일에 성공한다.

❖ 계곡에 부딪혀서 더 이상 가지 못하는 꿈은?
[해설] : 현재 하고 있는 일에서 좌절하여 진전이 없다.

〈피아〉
T.H. PARK. ⅱ.

물과 돌에 대한 꿈

❖ 물 위를 자유자재로 걸어다니는 꿈은?

【해설】: 상담이 이루어지고 하는 일들이 순조롭게 풀리게 된
다.

❖ 물이 흘러나오는 근원지를 본 꿈은?

【해설】: 취직이나 상담이 잘 풀리고 뜻대로 운수가 트인다.

❖ 물이 흐르는 것을 보고 있는 꿈은?

【해설】: 인연이나 혼담이 이루어진다.

❖ 물을 기르고 있는 꿈은?

【해설】: 즐거운 일이 있을 징조이며 윗사람에게 발탁되어서
후대를 받게 된다.

❖ 물위에 서있는 것을 본 꿈은?

【해설】: 고민과 근심이 많게 되고 의지한 사람을 잃게 된다.

❖ 물에 빠지게 되는 꿈은?

【해설】: 가정에 고난이 닥치고 직장에서 쫓겨나게 된다.

❖ 물속으로 자신이 들어가는 꿈은?

[해설] : 상사나 윗사람에게 도움을 받게 된다.

❖ 물속 깊이 조용한 물결을 보는 꿈은?

[해설] : 행운과 즐거운 일이 있게 된다.

❖ 물 밑에 사람이 있는 것을 본 꿈은?

[해설] : 생각한대로 많은 이익이 생긴다.

❖ 맑은 물을 보는 꿈은?

[해설] : 재복과 행운이 동시에 따르고 생각보다 빠르게 승진 하여 많은 사람의 추앙을 받게 된다.

❖ 물 위에서 불이 타오르는 것을 본 꿈은?

[해설] : 살피고 바라던 일들이 순조롭게 호전이 된다.

❖ 개천 물 위에 마른 나무가 떠내려가는 꿈은?

[해설] : 다른 사람으로 인한 재난이나 근심이 있을 징조.

❖ 강변에서 다리가 없어 강을 건너지 못하는 꿈은?

[해설] : 고통과 위태로운 일이 있고 가정불화로 괴로워한다.

❖ 헤엄쳐서 강을 건너는 것을 본 꿈은?

[해설] : 뜻을 가진 모든 일에 성사가 된다.

❖ 수영을 하는 것을 본 꿈은?

[해설] : 불길한 일이나 생각하기 어려운 일이 닥친다.

❖ 강물이 흐린 것을 본 꿈은?

[해설] : 주위로부터 나쁜 평을 받고 고통을 면하기 어렵다.

❖ 강물이나 폭포수가 세차게 흘러 떨어지는 것을 본 꿈은?

[해설] : 모든 일들이 순조롭게 풀린다.

❖ 폭포의 물을 마시는 꿈은?

[해설] : 행운의 발전운이 따르고 생각한 일이 즐겁게 된다.

❖ 홍수진 깨끗한 물이 맑이 맑게 보이는 꿈은?

[해설] : 좋은 벗으로부터 혜택이 있으며 많은 사람의 리더가 될 기회를 얻는다.

❖ 홍수에 떠내려 가는 꿈은?

[해설] : 불행이 있을 징조이며 신변이나 자녀로 인한 고민이

있을 징조.

❖ 많은 물에 집이 떠내려가는 꿈은?

　【해설】: 질병에 조심하고 가족중 경찰문제가 있을 징조이니 조심할 것.

❖ 많은 물과 논물이 넘치는 것을 본 꿈은?

　【해설】: 감언이설로 남의 재산을 횡령하게 된다.

❖ 상위에 놓은 물이 넘치는 것을 본 꿈은?

　【해설】: 뜻하지 않은 일이 있거나, 또는 허리 밑으로 병환이 있을 징조.

❖ 바다의 파고가 넘치는 것을 본 꿈은?

　【해설】: 정신수양이 첫째이고 주위로부터의 불화가 있을 징조.

❖ 얼음이 얼어붙는 것을 본 꿈은?

　【해설】: 의식걱정을 지속하게 되고 모든 일에 실패가 많다.

❖ 약수나 우물물을 마시는 꿈은?

　【해설】: 불길한 일이 생기고 또한 가출하는 사람이 있겠다.

❖ 약수나 우물의 탁한 물을 마시는 꿈은?

　【해설】: 근간에 즐거운 일이 생기고 환자는 회복된다.

❖ 약수나 우물물이 치솟는 것을 본 꿈은?

　【해설】: 생각지도 않은 좋은 일이나 또한 이익이 있겠다.

❖ 샘물에 자신의 자태를 비쳐 본 꿈은?

　【해설】: 승진이나 영전이 있고 기혼자가 보면 임신할 징조.

❖ 깨끗한 우물물이 맑게 보이는 꿈은?

　【해설】: 운세가 호전되겠으나 환자가 이 꿈을 보면 흉몽이다.

❖ 약수나 우물물이 더럽게 된 것을 본 꿈은?

　【해설】: 윗사람과 충돌이 있으나 병자가 이 꿈을 보면 회복된다.

❖ 우물속으로 물건을 떨어뜨리는 꿈은?

　【해설】: 도난이나 실물로 손해를 보겠으니 주의할 것.

❖ 약수나 우물물이 마른 것을 본 꿈은?

　【해설】: 가정에 근심걱정이 있겠으며 많은 손실을 본다.

❖ 약수터나 우물속에서 큰 고기가 노는 꿈은?

　【해설】: 재운이 트이게 된다.

❖ 우물 속에서 소리가 들리는 꿈은?

　【해설】: 가정에서 논쟁이 벌어질 징조.

❖ 우물이 무너지는 것을 본 꿈은?

　【해설】: 파산이나 고통을 받게 된다.

❖ 돌다리는 건너는 꿈은?

　【해설】: 바라는 일이 성사되는 길몽이 된다.

❖ 흙으로 된 다리를 건너는 꿈은?

　【해설】: 현재 바라고 있는 일들이 오래 걸리게 된다.

❖ 흙으로 된 다리가 무너진 것을 본 꿈은?

　【해설】: 주위의 도움이 있어 근심걱정이 해소된다.

❖ 육교를 건너가는 꿈은?

　【해설】: 희망하는 일이 이루어진다.

❖ 다리를 건너는 도중에 다리가 무너지는 꿈은?

　【해설】: 재난이나 사고가 있고 파산이나 계획이 좌절될 징조.

❖ 다리를 건넌 다음 다리가 무너진 꿈은?

　【해설】: 환자는 회복이 되고 또한 당면 문제의 위험한 일들이
　　　　위험을 면하게 된다.

❖ 다리를 사람과 손을 잡고 건너가는 꿈은?

　【해설】: 뜻있는 후원자의 도움으로 호운을 만나게 되며 여성
　　　　에게는 좋은 인연을 만나게 된다.

❖ 다리위에서 본 강물이 말라서 물이 적게 보이는 꿈은?

　【해설】: 타인으로부터 우연한 쇼크를 받게 된다.

❖ 다리위에서 큰소리를 외치는 꿈은?

　【해설】: 내기나 도박을 하게 된다.

❖ 다리의 중앙에서 포기하고 건너지 않는 꿈은?

【해설】: 남성은 좋은 친구를 만나고 여성은 좋은 인연을 만날 것이며 하는 일들이 순조로울 운이다.

❖ 다리위에서 물이 맑게 흐르는 것을 본 꿈은?

【해설】: 생각지도 않았던 화근이 생기고 또는 남녀간의 고민이 있다.

❖ 다리를 만들거나 수리하는 꿈은?

【해설】: 곤경에 시달리던 운세가 호전되고 행복하게 된다.

❖ 다리위에 주저앉는 꿈은?

【해설】: 큰 이권이 있을 징조이며 좋은 일이 많다.

❖ 큰 바위 위에 홀로 서 있는 꿈은?

【해설】: 후원자로부터 많은 혜택이 있다.

❖ 큰 돌을 보는 꿈은?

【해설】: 금전이나 재물을 같이 얻게 된다.

❖ 길 복판에 큰 돌이 있어서 통과할 수 없게 되는 꿈은?

【해설】: 고난이 닥치고 방해를 받게 되며 실패가 따른다.

❖ 석실에 갇혀 있는 꿈은?

【해설】: 고난과 고통이 지속된다.

❖ 돌계단을 오르고 있는 꿈은?

【해설】: 장해나 고통이 있을 징조.

❖ 집안뜰에 정원석을 들여 오는 꿈은?

【해설】: 가업의 번창이 있고 재운이 있겠다.

❖ 작은 돌을 던지고 있는 꿈은?

【해설】: 지껄이고 시끄럽게 떠드는 일에 주의할 것.

❖ 작은 돌로 구슬치기를 하는 꿈은?

【해설】: 좋은 친구로부터 지원과 혜택이 있으며 여성은 좋은 자식을 두게 될 징조.

❖ 돌 속에서 불이 타오르는 것을 본 꿈은?

【해설】: 재해나 불행이 있을 징조.

대인관계의 꿈

❖ 대통령에게 초대를 받은 꿈은?

  [해설] : 신분상의 승진이 있게 된다.

❖ 지위가 높은 사람과 만나서 이야기하는 꿈은?

  [해설] : 신변에 근심 걱정 등이 있게 된다.

❖ 고위급 인사를 방문하는 꿈은?

  [해설] : 하고 있는 일로 크게 성공을 하게 된다.

❖ 고위급 인사가 내방하는 꿈은?

  [해설] : 후원이 있어서 신분상의 승진이 있을 징조.

❖ 고위급 인사에게 음식을 제공 받는 꿈은?

  [해설] : 교통사고나 돌발적인 불행을 당하는 흉몽.

❖ 귀부인에게 초대를 받는 꿈은?

  [해설] : 갈피를 못 잡는 일이 많고 질병에 주의할 흉몽

❖ 자신이 귀족이나 장관급이 되는 꿈은?

  [해설] : 원망하는 일들이 해소되고 운수가 트이게 된다.

❖ 자신이 중이 되는 꿈이나 또는 중과 같이 도를 닦는 꿈은?

【해설】: 건강문제에 근심걱정이 있게 된다.

❖ 산속에 숨어서 행언을 보거나 또는 이야기하는 꿈은?

【해설】: 질병의 징조가 있다.

❖ 사람들과 같이 즐기거나 웃는 꿈은?

【해설】: 즐거운 일들이 성사된다.

❖ 사람들과 같이 울거나 슬퍼하고 있는 꿈은?

【해설】: 좋은 일들이 생기게 된다.

❖ 사람이 물에 빠지는 것을 본 꿈은?

【해설】: 욕심을 부리지 말아야 하며 주의할 흉몽.

❖ 사람들과 함께 일을 하고 있는 꿈은?

【해설】: 다른 사람의 협조로 모든 일을 성사시킨다.

❖ 사람에 쫓기면서 잡히지 않는 꿈은?

【해설】: 그동안 근심걱정하는 일이 해결된다.

❖ 사람에 구타당하는 꿈은?

【해설】: 상담하는 일은 끝이 나고 다른 사람의 도움으로 많은 이익이 있게 된다.

❖ 사람을 구타하다 손이 잘리거나 상처를 입게 되는 꿈은?

【해설】: 뜻을 둔 일이 해결되고 운세가 강해진다.

❖ 사람을 구타하여 그 사람이 울부짖는 꿈은?

【해설】: 이익에 관계되는 일에 좋은 일이 생긴다.

❖ 사람을 구타하여 아프다고 울부짖는 꿈은?

【해설】: 위험한 일이나 재난이 있게 되는 징조.

❖ 사람에게 머리를 숙이고 고하는 꿈은?

【해설】: 많은 사람의 앞에서 리더가 되서 활약할 징조.

❖ 남에게 빚을 갚을 것이 있는 꿈은?

【해설】: 신용이 있어서 하는 일이 도움을 받게 된다.

❖ 남에 빚을 돌려 받는 꿈은?

【해설】: 손실이 따르고 실패하는 일이 생긴다.

❖ 멀리 사는 친지가 찾아오는 꿈은?

[해설] : 주식의 접대의 받게 되고 하는 사업에 이익이 있으며 즐거운 일이 있을 징조.

❖ 손님이 찾아오면서 토산꿈을 가지고 오는 것을 본 꿈은?

[해설] : 역몽으로서 거꾸로 손해를 보게 된다.

❖ 사람들과 논쟁을 하는 꿈은?

[해설] : 나쁜 평판을 받는 입장에서 고독한 처지가 된다.

❖ 다른 사람의 출세를 축복하는 꿈은?

[해설] : 행운이 있을 징조이며 근간 좋은 일이 있게 된다.

❖ 다른 사람으로부터 주는 것을 받는 꿈은?

[해설] : 당분간은 고난이 닥칠 것을 각오해야 할 징조로 손실을 보게 된다.

❖ 다른 사람에게 사진 촬영을 부탁하는 꿈은?

[해설] : 좋은 인연을 만나게 된다.

❖ 다른 사람의 사진 촬영을 하는 꿈은?

[해설] : 질병에 특히 주의할 징조.

❖ 다른 사람의 사진을 받는 꿈은?

[해설] : 즐길 수 있는 일이 생기게 된다.

❖ 물건을 건네준 사람과 싸우는 꿈은?

[해설] : 계획했던 일들이 무너지고 무엇이든 되지 않는다.

❖ 혼자서 울면서 걸어가는 꿈은?

[해설] : 질병에 주의해야 하며 또한 주위에서 악평이 있을 징조.

❖ 울어도 눈물이 나오지 않는 꿈은?

[해설] : 흉몽으로 불길한 일이 있게 된다.

❖ 여러사람과 같이 우는 꿈은?

[해설] : 즐겁고 좋은 일들 생긴다.

❖ 알지 못하는 남성과 이야기하는 꿈은?

[해설] : 싫지는 않으나 시간을 낭비하는 일이 있을 징조.

❖ 알지 못하는 여성과 이야기하는 꿈은?

【해설】: 다른 사람으로부터 속임수에 빠지게 될 징조.

❖ **여러 사람과 같이 여행하는 꿈은?**

　【해설】: 불행이 있을 징조이다.

❖ **먼 곳에서 잘아는 사람이 와서 울고 있는 꿈은?**

　【해설】: 신변상의 재난이 일어날 징조.

❖ **부모와 같이 걸어가는 꿈은?**

　【해설】: 모든 일이 순조롭게 풀리는 운이며 또한 기업에도 번
　　　　 창이 있을 징조.

❖ **부모에게 꾸중을 듣는 꿈은?**

　【해설】: 사엄에도 번창하게 되고 기운도 좋게 될 징조.

❖ **부모에게 꾸중을 듣는데 자신이 유아나 어린아이가 된 꿈은?**

　【해설】: 반성해야 할 일이 생기고 후회가 있게 된다.

❖ **부모와 이별하는 꿈은?**

　【해설】: 가정에서 다투게 되는 일이 일어날 징조.

❖ **부모가 병환으로 누워 있는 꿈은?**

　【해설】: 부모에게 신변의 변동이 일어날 징조.

❖ **부모와 사별하는 꿈은?**

　【해설】: 근간에 예기치 않았던 행운이 있게 된다.

❖ **멀리 사는 백부나 백모를 만나는 꿈은?**

　【해설】: 만사가 손조롭게 풀려나가고 행운이 트일 징조.

❖ **멀리사는 친척이 죽은 것을 본 꿈은?**

　【해설】: 아주 곤란한 입장에 빠지게 된다.

❖ **멀리사는 형제나 자매들이 갑자기 찾아오는 꿈은?**

　【해설】: 신변상의 근심걱정이 생기고 사정이 변모할 징조.

❖ **형제와 자매가 같이 걸어가 걸어가는 꿈은?**

　【해설】: 근거리 여행을 해야할 징조.

❖ **형제와 자매가 같이 여행 도중에 헤어지는 꿈은?**

　【해설】: 여행에서 물건을 잃거나 실패가 있을 징조.

❖ **형제 자매가 지껄이는 것을 본 꿈은?**

[해설] : 신변에 사건이 일어날 징조.

❖ 형제자매를 놀려주면서 웃는 꿈은?

[해설] : 행운이 찾아 들게 되는 징조.

❖ 형제자매가 함께 물건을 지는 것을 보는 꿈은?

[해설] : 서로 이별할 징조.

❖ 형제자매가 병에 걸리거나 죽은 것을 본 꿈은?

[해설] : 근간에 형제자매의 신변에 좋은 일이 있다.

❖ 형제자매의 의복을 빌려서 입는 꿈은?

[해설] : 생각지 않았던 재난이 발생하게 된다.

❖ 형제자매가 함께 같은 집에서 잠자는 꿈은?

[해설] : 다른 사람의 도움으로 생각치 않았던 행운을 얻게 된다.

❖ 형제자매가 다함께 같은 배를 타는 꿈은?

[해설] : 근간에 즐거운 일과 행운이 찾아온다.

❖ 연인과 결혼식을 올리는 것을 본 꿈은?

[해설] : 연인과는 맺을 수 없게 되고 다른 사람과 결혼할 징조.

❖ 연인과 닮아는 것을 본 꿈은?

[해설] : 고민이 많게 되고 다른 곳에서 혼담이 있게 된다.

❖ 사람을 연모하는 것을 본 꿈은?

[해설] : 사람들로부터 모욕을 당하고, 경멸을 당해 곤경에 처한다.

❖ 다른사람으로부터 사랑을 고백 받게 되는 꿈은?

[해설] : 운세 열리고 그간의 염원이 이루어진다.

❖ 연인과 만나서 말을 하는 것을 본 꿈은?

[해설] : 그 사람이 먼 곳으로 가게 될 일이 생긴다.

❖ 연인과 즐겁게 산책하는 것을 본 꿈은?

[해설] : 재산이 흐트러지게 될 징조.

❖ 연인과 함께 우는 것을 본 꿈은?

【해설】: 연인과 헤어지게 될 운명에 처한다.

❖ 연인과 시끄럽게 지껄이고 싸우는 것을 본 꿈은?

【해설】: 좋은 일과 편리한 일들이 많을 징조.

❖ 남녀가 함께 걸어가는 것을 본 꿈은?

【해설】: 손실이나 실물을 하게 된다.

❖ 약혼식을 하는 것을 본 꿈은?

【해설】: 아주 좋은 혼담이 있으며 부인일 경우는 건강 장수한다.

❖ 부모의 허락 없이 결혼하는 것을 본 꿈은?

【해설】: 좋은 인연이 드디어 나타나고, 정사난에 주의할 것.

❖ 남편이나 부인이 재혼하는 것을 본 꿈은?

【해설】: 구설수나 다툼이 있겠으니 주의할 것.

❖ 다른 사람의 결혼을 축하하는 것을 본 꿈은?

【해설】: 드디어 혼담이 이루어진다.

❖ 자신이 결혼을 축하 받는 것을 본 꿈은?

【해설】: 무슨 일이나 이루어지게 된다.

❖ 사위가 된 것을 본 꿈은?

【해설】: 많은 이익이 있게 된다.

❖ 자신의 중매자가 된 것을 본 꿈은?

【해설】: 다툼이나 구설수가 있으니 주의할 것.

❖ 처가 임신한 것을 본 꿈은?

【해설】: 질병에 걸리거나 근심이 생기게 된다.

❖ 처가 자신이 임신한 꿈을 꾸게 되면?

【해설】: 남편이 큰 이익을 가지고 들어온다.

❖ 남자 아기를 출산하여 포옹하는 것을 본 꿈은?

【해설】: 바라는 일이 순조롭게 풀린다.

❖ 여자 아기를 출산하여 포옹하는 것을 본 꿈은?

【해설】: 금전이나 물품을 잃을 징조.

❖ 타인의 남자 아기를 출산한 것을 본 꿈은?

[해설] : 아기를 부여받게 된다.

❖ 타인의 여자아기를 출산한 것을 본 꿈은?

[해설] : 금전이나 물품을 얻게 되는 길몽.

❖ 성별을 구분없이 간난아기를 포옹한 것을 본 꿈은?

[해설] : 금명간에 입신출세할 기회가 열린다.

❖ 소년이 유아로 보이는 꿈은?

[해설] : 소년이 학생일 경우는 성적이 저하된다.

❖ 소년이 훌륭한 사람이 된것을 본 꿈은?

[해설] : 일신상에 변모가 일어날 징조.

❖ 어른이 소년으로 된것을 본 꿈을?

[해설] : 소년으로 된 사람의 신상에 변모가 생기고 도산이나 사기 사건이 일어날 징조.

❖ 두쌍동이나 세쌍동이를 출산하는 것을 본 꿈은?

[해설] : 구설수나 말다툼에 주의할 것.

❖ 자신이 타인의 뱃속에서 태어나는 것을 본 꿈은?

[해설] : 인덕이 있고 많은 사람의 선망을 받고 생각한 일들이 슬 슬 이루어지게 된다.

❖ 부인이 빌딩이나 고층건물에서 출산하는 것을 본 꿈은?

[해설] : 지위가 오르고 재산이 증식된다.

❖ 부인이 변소 안에서 출산하는 것을 본 꿈은?

[해설] : 재운이 트이게 될 길몽.

❖ 남자가 남자를 포옹하는 것을 본 꿈은?

[해설] : 시끄러운 말다툼에 주의하고 의견충돌로 싸울일이 생긴 다.

❖ 남자가 여자를 포옹하는 것을 본 꿈은?

[해설] : 근명간 기쁜일이 생긴다.

❖ 여자가 여자를 포옹하는 것을 본 꿈은?

[해설] : 부부간에 다투는 일이 있게 된다.

❖ 여자가 남자를 또는 부인이 남편을 포옹하는 것을 본 꿈은?

【해설】: 지금까지의 다투던 풍파가 사라지고 원만하게 된다.

❖ 남편이 부인과 애인을 함께 잠자리를 같이한 것을 본 꿈은?

【해설】: 가업이나 사업이 파산하게 될 징조.

❖ 첩을 애워싸는 것을 본 꿈은?

【해설】: 다툴일이 생기고 마음이 아파 견디기 어렵게 된다.

❖ 첩을 아내에게 보이는 꿈은?

【해설】: 화가 복으로 변하게 되고 그러나 이꿈은 아내의 입장에서 흉몽이 된다.

❖ 자신이 타인의 첩이 된 것을 본 꿈은?

【해설】: 괴로운 일이 많을 징조.

❖ 병자가 의사의 진찰을 받는 꿈은?

【해설】: 병이 완쾌되고 이윽고 회복될 징조.

❖ 병자가 꿈에 선조와 근세에 죽은 사람이 만나는 꿈은?

【해설】: 죽을 때가 가까이 다가왔다는 암시.

❖ 병자가 얼굴을 씻는(세면) 것을 본 꿈은?

【해설】: 병이 자츰 회복되면서 완쾌될 징조.

❖ 병자가 달려가는 것을 본 꿈은?

【해설】: 죽음이 가까이 다가왔다는 징조.

❖ 병자가 의료요원과 즐겁게 이야기하는 것을 본 꿈은?

【해설】: 근간에 병에 걸릴 전조로 주의할 것.

❖ 병자가 의료요원의 뒷모습만을 본 꿈은?

【해설】: 근간에 병이 완쾌된다는 청신호.

❖ 병자가 배를 타는 것을 본 꿈은?

【해설】: 죽게 될 흉몽.

❖ 병자가 물이 흐르는 것을 본 꿈은?

【해설】: 이윽고 병이 회복되어서 완쾌될 징조.

❖ 병자가 울고 있는 꿈은?

【해설】: 병세가 일진일퇴(一進一退) 될 징조.

❖ 건강한 사람이 병자가 되는 꿈은?

[해설] : 근심걱정과 괴로움이 많을 징조.

❖ 병자가 의복을 고치는 것을 본 꿈은?

　　[해설] : 흰옷·검은옷·푸른옷은 중병에 중태로 곧 죽게 된다.

❖ 병자가 슬피 울고 있는 꿈은?

　　[해설] : 멀리서 친지나 아는 사람이 찾아들게 된다.

❖ 병자가 불구나 괴을 보고 있는 꿈은?

　　[해설] : 병세가 길어질 징조.

❖ 병자가 우산이나 양산을 쓰고 있는 꿈은?

　　[해설] : 죽게 될 징조이다.

❖ 병자가 산에 오르는 것을 본 꿈은?

　　[해설] : 집안에서 다투는 일이 생긴다.

❖ 병자가 산에서 내려오는 것을 본 꿈은?

　　[해설] : 병세는 차츰 쾌유되서 완쾌될 징조.

❖ 병자가 말을 타고 있는 꿈은?

　　[해설] : 근간에 죽게될 운명이다.

❖ 병자가 검은 발싸게나 검은 장화를 신은 것을 본 꿈은?

　　[해설] : 죽게 되는 징조.

❖ 병자를 껴안는 것을 본 꿈은?

　　[해설] : 건강장수를 하게 될 징조.

❖ 병자가 노래와 춤을 추는 꿈은?

　　[해설] : 병세가 오랫동안 걸릴 징조.

❖ 병자가 사람들과 술을 마시는 꿈은?

　　[해설] : 생명잃을 위기를 모면하게 된다.

❖ 구토를 하려고 하거나 하는 꿈은?

　　[해설] : 병이 차츰 회복하려 완쾌된다.

❖ 몸에서 땀이 흐느는 것을 본 꿈은?

　　[해설] : 질병에 걸리기 쉬운 징조.

❖ 병에 걸리는 것을 본 꿈은?

　　[해설] : 치욕을 받거나, 재난이 있을 징조.

편저 최철상

편저·도서: 한국의 민담
한국의 속담 등 다수

길흉 꿈해몽백과

2024년 5월 15일   2판 1쇄 인쇄
2024년 5월 20일   2판 1쇄 발행

편 저   최철상
발행인   김현호
발행처   법문북스(일문판)
공급처   법률미디어

주소   서울 구로구 경인로 54길4(구로동 636-62)
전화   02)2636-2911~2,   팩스 02)2636-3012
홈페이지   www.lawb.co.kr

등록일자   1979년 8월 27일
등록번호   제5-22호

ISBN 978-89-7535-854-8 [03180]

정가   18,000원

이 도서의 국립중앙도서관 출판예정도서목록(CIP)은 서지정보유통지원시스템 홈페이지(http://seoji.nl.go.kr)와 국가
자료종합목록 구축시스템(http://kolis-net.nl.go.kr)에서 이용하실 수 있습니다. (CIP제어번호 : CIP2020035150)